U0136091

台灣義民廟的故事

台北市客家義民祭

95叟吳淑泉題

葉倫會 編著

博客思出版社

顧義民精神源遠流長

・溫送珍先生

苗栗縣南庄鄉是新埔義民廟的祭祀圈，自懂事開始就隨長輩祭拜義民爺，隨著年齡的增加，相信只要秉持公益，往正道而行，義民爺就會保佑家人平安、身體健康、事業順利，15歲到台北打拼，逢年過節亦回故鄉省親，常繞道新埔義民廟，感謝義民爺保佑，能夠在台北新故鄉闖出一片天空。

1988年，客家鄉親自動自發的在大安森林公園預定地舉行第一次台北市客家義民祭，承義民爺保佑，看似無傷大雅的錯亂，其實秩序井然，使歷次活動得以圓滿完成，民辦期間，除和大家一起分攤經費、認養工作外，也負責歷年祝文的宣讀，故和義民祭典有份特殊的感情。官辦期間，雖然不再分攤工作，仍按時出席，謝謝義民爺的保佑。

年事愈長，愈發覺得歷史的可貴，客家前輩做事雖然講究實是求事，惟很少留下紀錄，經過一段時間，就成爲郭公、夏五，無法拼湊成完整的篇章，反觀先進國家，其人民不論做什麼事，都會留下紀錄，初期，事情進行得或許不夠圓融，但經過傳承與改進，活動越來越熱鬧，事情辦得越來越順利，我們期望透過台北市客義民祭這本書，讓台北市的客家義民祭典每年都有進步。

2007年台北市客家義民祭在台北市政府大廳和府前廣場舉行，邀請葉倫會館長同行，他邊攝影邊蒐尋資料，看他蒐集的資料極有意義，即鼓勵將其編輯成冊，爲台北市客家活動注入新的活水源頭，可以做爲下次活動的參考資料，可以讓後代子孫瞭解這一代客家人透過義民祭典，喚起都市客家人的靈魂，提升客家族群的凝聚力，讓優良的客家精神一代一代的傳遞下去。

溫送珍

義民祭之意義與特色

．陳石山先生

義民廟之真正意義與特色如次：

1. 義民廟與台灣客家發展史息息相關，是客家子弟爲保衛鄉土犧牲生命的表率；縱使號稱客家人守護神的三山國王，亦係來自中國廣東。
2. 義民爺保鄉衛土之精神，令人肅然起敬。
3. 林爽文、戴潮春事件，閩人亦有參與義民軍，是以，義民信仰非客家人所能獨專。
4. 義民廟非一般宗教上之神廟，實更接近「保鄉先烈紀念館」或「忠烈祠」。

新竹縣新埔鎮枋寮義民廟於1790年完工歷經200餘年，此期間台灣各地義民廟日漸增多，義民信仰日益受到民間及政府重視，義民祭活動亦逐年多元、豐富，台北市於1988年起由民間自動發起在大安森林公園盛大舉辦有史以來第

一次義民祭典，至2000年政府介入協辦，2002年起由政府主辦，迄今已逾20年，爲使歷年祭典活動留下腳印，且認爲義民祭典之活動對落實本土文化具有深遠的意義，應思考如何藉義民祭活動來推動社會教育，與客家文化結合，甚至透過義民祭活動凝聚客家社團、團結客家人，提昇義民祭活動之品質、讓社會大眾，尤其是年輕一輩及政府樂於參與，藉義民祭活動來推動客家公共事務，葉倫會先生蒐集台北市客家義民祭活動照片，訪談前輩述說歷年客家義民祭之概況，以及主要義民廟之沿革歷史，供信仰義民之社會人士瞭解義民精神之真正意義，蓋因不知義民之歷史者，則無以產生義民信仰，亦無從崇敬義民，縱有其廟，而不知其史者，或以一般神廟視之，或以爲迷信，此事對於後代至爲重要，本書之編成，期待能拋磚引玉結合社會賢達卓見，將台北市都會地區與其它各地之義民祭活動，與時俱進並作改進，使義民祭活動更具前瞻性及文化內涵，提昇客家族群之能見度與社會地位。

陳石山

讓屬於大家的文化得以傳承

・葉倫會先生

兒時，桃園新屋故鄉是新埔義民廟輪祀庄之一，親見母親虔誠的養神豬做爲義民祭和中元祭典的供品，記得這隻神豬長得特別快，幾乎每天都增長許多。

出生時，長輩排八字，算命者提及未成年前不宜到大廟，雖曾陪同母親到新埔義民廟拜拜，但母愛的偉大，將五、六歲的小孩託在路旁小販處；當兵時，也是媽媽和哥哥代爲到新埔義民廟祈求義民爺的香符，母親再三告誡：香符千萬不能離身，倘遇到任何疑難雜症，義民爺會加以保佑。

任職海關期間，奉命編撰中華民國海關簡史，因爲我國海關由英人建制，高級關員以客卿佔多數，閱讀資料時，發現歐美先進國家不論機關、團體或個人都有留史的習慣，讓後代的人可以鑑古知今，做爲記取教訓，改善缺失的原素，故參與事務時，儘可能留下記錄，或許是無心插柳吧！這些資料發表後，獲得各界肯定，於是寫得更加勤快。

爲編真情實話乙書，訪談溫送珍先生，知道他有虔誠的義民信仰，兒時常隨長輩祭拜義民爺，事業有成後，爲新埔義民廟修建牌樓，製作匾額和贈送香爐。溫先生個性溫和，事業有成，被視爲客家大老，不但對公益事業樂於捐輸，1988年起在台北市舉行的客家義民祭，也是出錢出力，談及義民祭的諸多趣事，每件都是珍貴的歷史資料。

2007年，首度參加台北市客家義民祭，發現參與信眾大部份都是桃竹苗地區的鄉親，大部份認爲其個人的成就緣於義民爺的保佑。在溫送珍先生與陳石山律師的鼓勵下，蒐尋義民爺在台北市舉行客家義民祭的事蹟，承義民爺的保佑，不論蒐尋資料、照片或訪談相關人士，好像冥冥中有神助般，一一出現。

惟事隔多年，資料來源不足，難免有斷簡殘篇的遺憾，但仍然勇往直前，期盼爲這個時代的台北市客家義民祭典保留一點史料，爲後來者開一扇窗。溫送珍先生與陳石山律師在百忙中賜序，95歲高齡的吳淑泉先生題字，其愛護與照顧後輩的心意令人感動，惟筆者才疏學淺，疏漏在所難免，尚祈方家不吝賜正。

葉倫會

目次

義民爺的由來

・新埔義民廟義民爺神位（葉倫會攝）

義民爺的歷史與台灣墾拓期間保鄉衛土的感人故事有關，換句話說，義民爺並非專指客家人，而是指一群爲保衛鄉土抵抗民變的義士，死後，清廷稱其爲義民，或許是

指有情有義的人民吧，大部份義民廟以牌位祭祀，惟亦有部份義民廟雕塑神像，這些神像的形狀不論如何？都以代表忠義或物阜民豐的紅、黑爲臉部顏色。最初，客家人將義民爺作爲像祖先一樣不求回報的神明，慢慢的被視爲信仰，致在台灣，有客家人的地方，就有義民爺信仰，事實上，新埔義民廟分靈的義民爺，其信眾早已超越族群的藩籬，成爲台灣各地信眾膜拜的神明。其間的演變，可能是當年爲保衛家鄉而犧牲的義民所始料未及。

• 捕捉義民祭的精髓(葉倫會攝)

• 清軍平定林爽文圖

客家人

客家人的祖先來自中原地區，主要分佈在福建、廣東、江西和台灣，歷代客家人經由不斷南遷，形成獨特的語言和文化，以刻苦耐勞、勤儉樸實、細心謹慎、奉公守法、謙恭有禮、與世無爭等特質爲世人所稱道，惟這些特質也讓客家人略嫌保守，屢屢呈現拘謹有餘豪放不足，消極多而進取少的個性，致被視爲沉默、隱性的族群。

・客家人穿的藍衫(葉倫會攝)

散居世界各地的客家人超過八千萬，2000年的資料，會說客語者有三千五百萬，在不同地區發展出不同的生活模式，也創造出多樣性的文化型態。台灣客家人主要來自廣東、福建，人口數居於第二，早期，大部份聚集桃、

・溫送珍(中)和友人談台北市客家義民祭(葉倫會攝)

竹、苗地區，另外在高雄、屏東六堆及台中東勢、花蓮等地，隨著社會型態的轉變，農村人口流向都市，台北市、高雄市也有許多不會說客語的隱性客家人，仍然保存著客家人晴耕雨讀、詩禮傳家的精神。根據台北市政府2004年的調查：台北市人單獨認定自己爲閩南人者佔67.9%，客家人佔11.7%，外省人佔15.2 ...，即客家人至少有25萬人。

客家文化是客家先民生活智慧的累積，語言建築、美食、戲劇、服飾、民俗、山歌音樂等各層面都非常有特色，爲了適應新環境，客家人隨時配合時代的脈動與社會環境的演變，以積極、奮發的態度，創造新的潮流。

義民祭

傳統義民祭和中元普渡的方式類似，有豎燈、放水燈、請大士爺、野台戲和神豬比賽。1955年，政府公佈農曆 7 月20日為義民節。

‧溫送珍在台北市客家義民祭恭讀祝文(張心淵攝)

早期地方若有亂事，居民即組織民兵保衛鄉土，清領時期，朱一貴、林爽文、戴潮春民變時，為保衛鄉土而犧牲的先民，被官方視為剿匪有功，乾隆皇帝頒發褒忠匾額，地方人士為這些受到朝廷勅封為義民，客家褒忠、泉州旌義、漳州思義，並且建廟奉祀，其精神的真諦是犧牲小我，完成大我，台灣各地的客家人縱使移居他處，亦由

新埔義民廟分靈，興建義民廟、褒忠亭、忠義亭.....，表達慎終追遠的寓意，經長期的演變與洗禮，客家人也視義民爺為凝聚向心力的圖騰。

• 新埔義民廟全景(葉倫會攝)

• 義民爺坐神轎到台北市義民祭神壇(葉倫會攝)

新埔義民廟供奉的義民爺與一般廟宇供奉的神明不同，神龕僅設「**敕封粵東褒忠義民位**」的牌位，沒有神像，神龕上懸掛清朝乾隆皇帝親筆御賜的「**褒忠**」匾額，故義民爺是指一群有功烈士；象徵義民手綁黑布的黑令旗，也受到相同的尊崇及祭拜。義民廟設置初期，是客家移民的心靈寄託，也是他們不畏艱苦、開闢土的精神象徵，無論遷徙、婚姻、事業、災厄、服役、遠遊，都到義民廟向義民爺稟告，祈求保佑，每年農曆7月舉辦的義民祭典由四大庄逐步成長至15大庄輪流。據新埔枋寮義民廟2000年稱，該廟有39座分香廟；依台北市客家委員會2007年的資料，台灣有50座義民廟。筆者訪談暨蒐集各地義民廟資料，除苗栗義民廟、東勢巧聖仙師廟，彰化埔心義民廟、北港義民廟、屏東竹田六堆忠義祠外，其他各地義民廟大部份分靈自新埔義民廟。

・台北市客家義民祭祭壇之一（葉倫會攝）

台北

台北原為凱達格蘭人活動的地方，明代初期才陸續有漢人來此墾拓。從17世紀初西班牙人佔領台灣北部海岸開始，歷經荷治與鄭氏王朝，清領初期，台北大部份地區仍然是荒蕪的原野，直到1709年，泉州人陳天章、陳逢春、賴永和、陳憲伯、戴天樞等合股設立陳賴章墾號，向台灣府諸羅縣申請開墾大佳臘地方，被認為台北盆地最早的系統開墾活動。

• 台灣地形圖
台北，1934

・北門

1860年，清廷開放淡水為通商口岸，淡水河流域的物產貿易（特別是茶葉）興起，先是艋舺（萬華），後為大稻埕，台灣經濟重心逐漸北移。此後政府在艋舺與大稻埕間興建台北城。1884年，台北城城牆及5個城門落成。1885年台灣建省，劉銘傳為首任巡撫，建設大稻埕至基隆與新竹的鐵路，加強郵電、道路等基礎設施，並將台灣巡撫衙門及布政使司衙門設於台北城（中山堂旁），初步建立台北市的雛形。1894年，邵友濂巡撫將省會由橋孜圖（台中）移至台北，台北遂成為政治中心。

・台北101大樓

・總統府

台北市客家義民祭

・新埔義民廟神龕(葉倫會攝)

・客家鄉親參與華中橋下台北市客家義民祭(中原客家崇正會提供)

台北市是台灣政治、經濟的重心，聚集許多客家族群，其中又以來自桃、竹、苗地區佔多數，平日為生活打拼，很少聚集在一起，

但幾乎都有根深諦固的義民信仰，只要時機成熟，就會產生風潮。台北市客家義民祭是因為新埔義民廟建廟兩百週年而衍生的活動。

・恭請新埔義民廟義民爺到台北參加台北市客家義民祭(中原客家崇正會提供)

月光會被稱為台北市最早的客家組織，1948年農曆大年初九，客家鄉親齊聚台北市西寧北路，每人出資5元，席開近20桌，組織中原客家聯誼會，共推何禮謙為首任會長。1987年10月，台北市中原客家崇正會在中泰賓館召開籌備大會，蔡錦川、徐舟、李榮堂和姜義隆等有感旅居台北市的客家鄉親對義民爺有虔誠的信仰，但在台北市謀生求學，每年返鄉祭祀有實際的困難，組團進香人數有限，聯合提議，請於新埔義民廟兩百週年建醮大典時，在台北分靈設

台北市客家義民祭

壇，供旅居台北的鄉親前往祭拜祈福，獲得與會人士熱烈的回響。

• 客家耆老共商籌募台北市客家義民祭經費(中原客家崇正會提供)

中原客家崇正會面對創會以來的盛事，以歡欣鼓舞的心情迎接，宋鎮源理事長指示成立台北義民祭祭典委員會並墊款20萬，設總務、設備、平安燈、康樂、祭典、公關招待、交通、財務、隨香和稽核等十組，並且分派組長，分別爲總務組李溝，設備組張心淵、李勝進，平安（光明）燈組葉素榮、范德滄、張秋月，康樂組陳盛雄、李榮堂，祭典組蔡錦川、林保章，公關招待組彭文正、曾永有、張益菘、張壽發、羅樞銘、徐惠美、鍾翠齡，交通組黃耀

津、吳權鴻，財務組葉仲添、宋洪星，隨香組彭獻堂、彭煥堂，稽核組范增平、劉爕勳等。

台北市義民祭典委員會各組幹部確定後，即由組長分頭尋找熱心的鄉親，倘事務較多者，另外設股辦事，為期活動順利進行，各項工作分頭並行。張心淵向新埔義民廟接洽迎靈事宜，瞭解新埔義民廟僅有一面「**敕封粵東褒忠義民位**」牌位，無法前往台北，若僅令旗前往，似乎又有不妥，故由廟方推介，請關西鎮知名的雕刻師傅雕刻一面形式相同的神位，經分靈後接受台北客家鄉親迎往台北擔任義民祭的主神，這座牌位於台北市客家義民祭後，恭送至新埔義民廟，在該廟接受信眾香火的祭拜，次年再予迎回。

‧挑擔奉飯前排的政治領袖(中原客家崇正會提供)

台北市客家義民祭

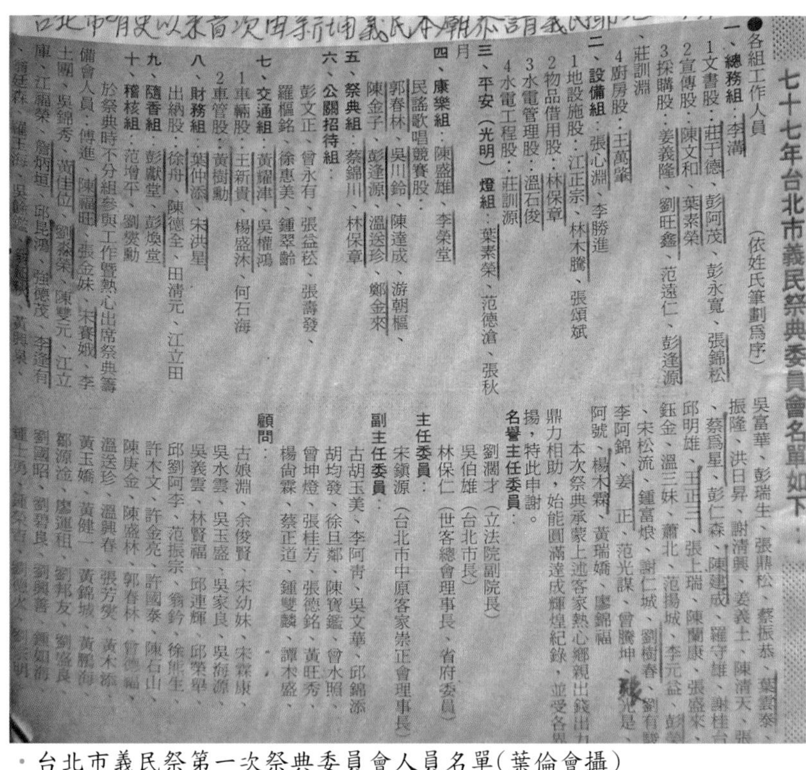

台北市有史以來首次由新埔義民本廟恭請義民爺

七十七年台北市義民祭典委員會名單如下：

●各組工作人員（依姓氏筆劃爲序）

一、總務組：李滿

1文書股：莊子德、彭阿茂、彭永寬、張錦松

2宣傳股：陳文和、葉素榮

3採購股：姜義隆、劉旺鑫、范遠仁、彭逢源、莊訓淵

4廚房股：王萬鑾

二、設備組：張心淵、李勝進

1地設施股：江正宗、林木騰、張頌斌

2物品借用股：林保章

3水電管理股：溫石俊

4水電工程股：莊訓源

三、平安（光明）燈組：葉素榮、范德滄、張秋

四、康樂組：陳盛雄、李榮堂

民謠歌唱競賽股：郭春林、吳川鈴、陳達成、游朝樞、陳金子、彭逢源、溫送珍、鄭金來

五、祭典組：蔡錦川、林保章

六、公關招待組：彭文正、曾永有、張益松、張壽發、羅樞銘、徐惠美、鍾翠齡

七、交通組：黃耀津、吳權鴻

1車輛股：王新貴、楊盛沐、何石海

2車管股：黃樹勳

八、財務組：吳仲添、宋洪星

出納股：徐舟、陳德全、田清元、江立田

九、隨香組：彭獻堂、彭煥堂

十、稽核組：范增平、劉樊勳

於祭典時不分組參與工作暨熱心出席祭典籌備會人員：傅進、陳福田、張金妹、宋賽娥、李士爾、吳錦秀、黃佳位、劉森榮、陳雙元、江立庫、江扁榮、詹炳垣、邱昆鴻、強德茂、李達有、翁廷森、羅士海、吳餘盛、[illegible]、黃興泉、吳富華、彭瑞生、張鼎松、蔡振恭、葉雲泰、張振隆、洪日昇、謝清興、姜義士、陳清天、張[illegible]、蔡爲星、彭仁森、陳建成、羅守雄、謝桂台、邱明雄、王正三、張上瑞、陳蘭康、張盛來、鈺金、溫三妹、蕭北、范揚城、李元益、彭[illegible]、宋松流、鍾富娘、謝仁城、劉樹春、劉有[illegible]、李阿錦、姜正、范光謀、曾騰坤、張光是、阿號、楊木霖、黃瑞嬌、廖錦福

本次祭典承蒙上述客家熱心鄉親出錢出力鼎力相助，始能圓滿達成輝煌紀錄，並受各界[illegible]揚，特此申謝。

名譽主任委員：

劉濶才（立法院副院長）

吳伯雄（台北市長）

林保仁（世客總會理事長、省府委員）

主任委員：

宋鎮源（台北市中原客家崇正會理事長）

副主任委員：

古胡玉美、李阿青、吳文華、邱錦添、胡均發、徐旦鄰、陳寶鑑、曾水照、曾坤燈、張桂芳、張德銘、黃旺秀、楊尙霖、蔡正道、鍾雙麟、譚木盛

顧問：

古娘淵、余俊賢、宋幼妹、宋霖康、吳水雲、吳玉盛、吳家良、吳梅源、吳義雲、林賢福、邱連輝、邱榮舉、邱劉阿李、范振宗、翁鈐、徐熊生、許木文、許金亮、許國泰、陳石山、陳庚金、陳盛林、郭春林、曾德福、溫送珍、溫興春、張芳燮、黃木添、黃玉嬌、黃健一、黃錦城、黃鵬海、鄒源淦、廖運租、劉邦友、劉盛良、劉國昭、劉碧良、劉興善、鍾如舫、鍾士勇、鍾參有、劉德火、劉宗明

台北市義民祭第一次祭典委員會人員名單(葉倫會攝)

台北市客家義民祭的傳統舞獅(張心淵攝)

台北市客家義民祭

第一次台北市客家義民祭

鑑於地點影響活動熱鬧與否？鄉親們積極尋找交通便利、停車方便、安全，可以容納眾多客家鄉親聚餐的場地，最後選中七號公園（大安森林公園預定地新生南路與和平東路口）分靈設壇。

確定大安森林公園預定地爲第一次台北市客家義民祭祭典場所後，負責現場的工作人員開始整地，規劃建壇或法會場所，演野台戲的戲台和放置神豬的場地。彼時，窪

・第一次台北市客家義民祭幹部(葉素榮提供)

地頗多，因陋就簡的用建築板模予以鋪平，突顯客家鄉親克苦耐勞，勤儉傳家的一面。新埔義民廟於義民祭典時設有豎燈，是年，台北市客家義民祭典強調祭拜的是神明而未設豎燈，但以後舉辦的台北市客家義民祭曾設豎燈，也有大士爺。

・台北市客家義民祭神壇(中原客家崇正會

1990年，再度回到大安森林公園預定地時，因爲有前兩年累積的經驗，加上經費較爲充裕，請施工單位將窪地

・豎燈(中原客家崇正會提供)

・恭讀祝文祈求義民爺保佑鄉親(中原客家崇正會

鋪上柏油，讓台北市客家義民祭有一個合宜的場地。

1988年8月19日，新埔義民廟慶祝建廟兩百週年，也是第一次台北客家義民祭典的第一天，大台北地區的客家鄉親搭乘遊覽車到新埔義民廟恭迎義民爺，三獻禮、祭文朗誦後，恭請義民爺坐上木雕神轎，中午左右，在八音吹奏、舞獅等活動中抵達台北市大安森林公園暫時安厝，第二天奉駕安座義民壇，舉行入壇奏表、上香、祈福等法會。義民爺安座期間全天誦經，第三天舉行三獻禮及公祭大典、普渡、謝三界，此外，在義民壇旁表演客家野台戲、花式大鼓、客家民謠、八音鼓樂吹奏等，第四天，鄉親包租遊覽車恭送義民爺回新埔本廟。看

・恭請義民爺到神壇(中原客家崇正會提供)

・義民祭典也辦中元普渡(葉倫會攝)

似簡單隆重的活動，經由熱心人士的努力，有如蝴蝶效應般，不斷發酵，擴充其影響力。

義民爺祭典神豬比賽是重頭戲，台北市客家義民祭民辦期間，沒有任何公部門的資源，全部由鄉親認養，如神豬比賽的故事就極爲感人。祭祀神豬由客家社團負

・恭請義民爺就神壇位

・虔誠的恭讀祝文(中原客家崇正會提供)

・第二屆台北市客家義民祭幹部合影(溫送珍提供)

責，如中原客家崇正會認養第一名神豬，經費全部由會員認捐，出資一千元可以獲得神豬肉一塊的兌煥券乙張，規定要在義民祭告一段落後在現場領取，因爲活動結束時間接近午夜，除了一定要拿這塊豬肉回家吃平安的鄉親外，沒有發完的部份，爲免暴殄天物，由工作人員分別取回，不少鄉親將豬肉淹漬，回憶早年吃中元節鹹豬肉的味道。

第一次台北市客家義民祭的工作分別由熱心又有能力的人認養，如張心淵負責營繕、徐舟導引活動的進行、溫送珍恭讀祝文、姜義隆擔任採購、李榮堂現場指揮、江立田搭建神壇和牌樓；更多鄉親扮演無名英雄的角色，投入默默耕耘的行列，如擔任迎神、抬轎、挑擔、遊行、膳食、表演或守夜點香等活動；客家婦女向來勤勞，祭典期間凡現場樂捐收入的登記、供應點心(仙草、米篩目、愛玉等冷飲)、

• 台北市客家義民祭典得獎神豬暨樂捐者芳名（中原客家崇正會提供）

・客家鄉親扶老攜幼參加台北市客家義民祭(張心淵提供)

・台北市客家義民祭典得獎神豬暨樂捐者芳名（中原客家崇正會提供）

記帳或招待等由葉素榮、古秋英率領的七、八十位婦女鄉親負責。嗣後民辦期間，即依循類似的組織，在追求完美和改進缺失中順利完成。

舉辦初期非常克難，靠大家出錢出力，主事者在能省則省的情況下，不顧辛勞的奉獻讓人難以忘懷，如第一年，張心淵爲了讓搭建好的牌樓牢固

・義民祭盛況(中原客家崇正會提供)

些，意外摔落地面，被送醫急救，好友溫送珍聽到消息，專誠到義民壇前跪求義民爺保佑這位虔誠的客家子弟，向義民爺求取仙丹前往國泰醫院探視，張心淵隔日康復出院，還回到崗位幫忙，鄉親都說這是義民爺的神蹟。

・參與祭典的熱情鄉親(中原客家崇正會提供)

中原客家崇正委員會的義工們，發函給全體會員，請大家告訴大家，散佈台北市客家義民祭將舉行的訊息外，另透過不同管道發佈訊息，如在客家鄉親較常出現的地點，如市場、象山登山口、巷口懸掛「**大台北褒忠義民爺祭典**」布條或張

・義工提供參與民眾冷飲(中原客家崇正會提供)

・恭迎義民爺到華中橋下神壇(中原客家崇正會提供)

貼法會啓事，其中以仿義民廟令旗格式製作黑色襯底白色字體的布條懸掛在路口或陸橋顯得特別醒目，熱心的鄉親紛紛報名參加到新埔義民廟恭迎的行列，義民爺神位暫厝台北期間，扶老攜幼出席屬於客家傳統信仰的祭典，不乏帶著牲禮或由子女陪同前往的年老客家鄉親泛著淚光，一邊祭拜、一邊感謝義民爺保佑他在異鄉事業有成，兒女長大成人的恩典。

・客家鄉親家人陪同長輩出席義民祭（葉倫會攝）

・道士誦經(中原客家崇正會提供)

大部份客家鄉親看到祭典的場景無不感動得掉下眼淚，幾乎是有錢出錢，有力出力，展現客家鄉親的團結氣氛，以分工方式完成義民祭典的主祭典、奉飯、迎神送神。其間的分工，仿如大家庭的過年、過節，家人從四面八方回家團聚，每個人都承擔部份工作，也分享努力的榮耀，創造出有如家人般的向心力。嗣後歷次的客家義民祭，因為配合時代脈動，經由傳統與現代激盪出新的創意，讓傳統的客家民俗在台北都會地區展現活力。

・挑擔奉飯的供品(中原客家崇正會提供)

義民祭典舉行期間，開門就要錢，經費全部由鄉親樂捐，民

辦期間，中原客家崇正會邀請鄉親商討募款事宜，被邀請的鄉親二話不說的當場認捐，部份熱心的鄉親甚至帶著捐款簿到各處募款，據長期負責財務的彭煥堂說：樂捐簿捐款金額有大有小，但每位捐款人的心意都一樣受到尊敬。

事實上，團結力量大，聚沙可以成塔，祭典當天的捐款收入更令人感動。主辦單位的創意，讓鄉親樂意爲義民祭典奉獻自己的心力，最初幾年由鄉親販售的金紙和香燭，改由祭典委員會免費供應，在金銀紙和香燭前放置樂捐箱，活動結束時，捐款的收入超過金紙市價三、四倍，成爲義民祭典的重要收入；義民爺神位旁由專人接受民眾當場樂捐，1989年在青年公園舉行台北市客家義民祭，承辦人員收到捐款，馬上責由義工將捐款人姓名和捐款金額以標準楷書寫在大紅紙，張貼神壇旁邊供大家徵信，激起更多鄉親

・提供免費的香與金紙（中原客家崇正會提供）

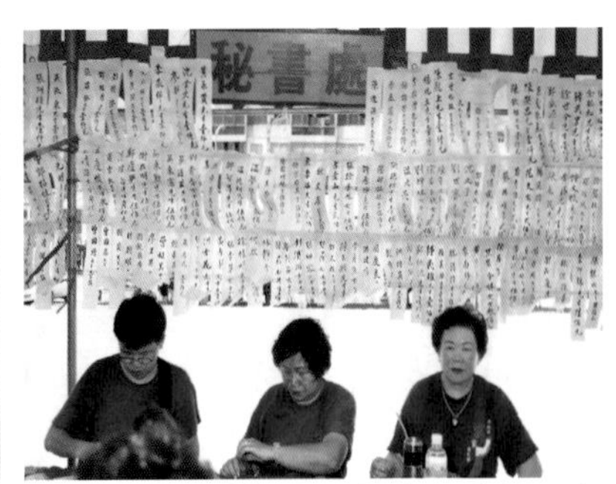

・捐款徵信（中原客家崇正會提供）

捐款的意願，看似平凡的創意，讓捐款數遠遠超出預期，使得活動經費更為充裕，台北市客家義民祭的規模也一年比一年大。

主辦單位收到捐款，不論形式或金額大小，都開立收據徵信，事後且發函感謝，鄉親相信他捐獻的每一分錢都用在義民爺，而台北市客家義民祭典委員會內部也由專業人員做嚴密的會計控管，務必讓這些錢做有效的應用。

民辦期間，除專業部份人員外，其他人力幾乎都是義工，如木工僅請一、兩位大匠師，廚房也請一、兩位大廚，其他都由鄉親協助，計算收支後，每次都有可觀的結餘，剩餘的經費經中原客家崇正會和義民祭典委員會決議另設專戶，款項僅能用於義民祭典的支出。台北市政府接辦義民祭典活動後，由政府預算支付祭典經費，始停止設

・捐款徵信（中原客家崇正會提供）

・捐款徵信（中原客家崇正會提供）

置樂捐箱，並將全部結餘款新台幣兩百餘萬元移撥中原客家崇正會，做爲該會購置新大樓的基金。

・依古禮舉行祭祀(中原客家崇正會提供)

大家齊心合力爲義民爺做事，辦好台北市客家義民祭的心，雖然沒有做特別的突顯，但經由腦力激盪，每項都充滿創意，如爲提升大台北地區鄉親參與台北市客家義民祭的意願，主辦單位動員鄉親前往新埔義民廟恭迎或恭送義民爺，車上都派專人負責發動捐款；此外，爲吸引台北縣客家鄉親參與，曾數次包租遊覽車行駛台北市區和台北縣新店、板橋或新莊等客家鄉親聚集較多的地方，免費接送大家到義民祭典的場所，車上亦派有專人負責引導和接受樂捐。嗣後，因爲客家鄉親自行參與的人數逐年增加，加上車上收的捐款金額逐年下降，甚至入不敷出，經考量成本，才停止派遊覽車到到各地接送。這時候，台北縣的客家鄉親也到新埔義民廟恭請義民爺北上，自行舉辦義民祭。

台北市客家義民祭的活動熱烈而且成功，開啓客家文化活動的先河，如客家鄉親體認到語言應屬基本人權，要求政府提出客家公共政策，往後客家廣播電台與客家電視台的成立都與台北市客家義民祭的舉行有直接或間接的關係。

・虔誠祭拜的鄉親(張心淵攝)

第一次台北市客家義民祭的成功，開啓嗣後每年農曆7月的台北市客家義民祭，中原崇正會在義民祭典前兩個月召集熱心的鄉親組成台北市褒忠義民爺祭典委員會，一方面募款，一方面檢討前一年的優、缺點，提出興革的項目，指派主要工作負責人，如第十次的組別爲祭典、典

儀、公關、財務、敘獎、總務、場地、水電和安全等組，其組織架構與第一次的差距已經很大了。2007年政府主辦的組別分別爲大會督導、會場管理、行政、迎神、交通秩序、祭典、餐飲、挑擔奉飯、接待、攤位、節目、場地佈置、後勤、公共關係、公益、動員、衛生醫療、安全、文宣、評審等組，差異更大。這種檢討與改進，使得活動越來越符合社會脈動，致一年一度的台北市客家義民祭，不論祭壇設在那兒，都成爲旅北客家鄉親期待的盛事。

・義工準備開水的忙碌情景(中原客家崇正會提供)

爲期活動能夠熱鬧舉行，義民祭舉行前，祭典籌備會發函給旅居台北的鄉親，告訴大家義民祭舉行的時間和儀式進行的行程，最初僅發函給中原客家崇正會的會員，收到信的鄉親出席率頗高，主事者於是透過客家社團和客籍人士參選民意代表蒐集的名冊予以建檔，發出去的信件逐年增加，最多時，有一萬一千餘封，或許是誠

意吧！參加的人數也逐年成長，讓準備飲食的工作人員，需要隨時增加米篩目、愛玉、仙草等冷飲，三層肉福菜湯、爌肉、客家小抄、筍乾……等熱食的供應量，負責總採購的姜義隆說：除第一年外，民辦期間，每年光是煮爌肉的三層肉就將近兩千台斤；活動開始時，人潮擠進活動廣場，彼時沒有礦泉水，鄉親吃完粣粑後通常要喝水，廚房負責煮開水的義工，屢屢爲準備飲料用水而忙得不亦樂乎。

歷經演變，祭典與活動內容不斷推陳出新，結合慶典活動與在地文化且互爲表裡，使得台北市客家義民祭成爲市民活動的重要文化資產。台北市政府接辦後，爲表達對中原客家崇正會推動台北市客家義民祭的功勳，舉辦義民祭典時，仍然邀請該會理事長與主辦單位首長(民政局長或客委會主任委員)一起擔任正獻官。

‧劉智雄主任委員和中原客家崇正會羅世昌理事長擔任客家義民祭正獻官（葉倫會攝）

台北市客家義民祭若由祭典活動主導者來分別，可分爲民辦、官

・參與台北市客家義民祭的盛況(中原客家崇正會提供)

民合辦、官辦三大階段。民辦是指中原客家崇正會與客家鄉親自主募款籌辦時期，即1988年至1999年12次，惟自1995年起，台北市政府開始補助祭典經費；2000年起，台北市政府民政局將台北市客家義民祭做爲該局承辦業務，委託中原客家崇正委員會承辦，開啓政府主辦，客家社團合辦或協辦，這段期間有3年。

2002年，台北市客委會成立，把祭典納入常態業務，依據政府採購法，請公關公司承辦。三種方式各有優缺點，鑑於社會快速進步，台北市客家義民祭也需要隨時給予活水，俾能源遠流長。

・提供免費客家傳統米食和鄉親分享(中原客家崇正會提供)

神　壇

・義民祭典的神壇
(中原客家崇正會提供)

國人對神壇的尊敬與對神明的信仰相近，故對神壇的高度或方位都極爲慎重，注重方位和採用文公尺，確保趨吉避兇的效果。台北市客家義民祭搭建神壇和法會場地均視經費寬裕與否決定其大小和外觀，方位依照借用地形予以決定，歷經20年的演變，東、南、西、北方位，或室內、室外都曾經採用，若以活動最後都圓滿完成予以解讀，義民爺是肯定主事鄉親的用心。

・義民祭舞獅(中原客家崇正會提供)

早期，經費拮據，神壇製作簡單，建材用三夾板，請一、兩位匠師主導工程的進行，其餘工作人員全由熱心的鄉親擔任，因爲非屬專業人士，製作成果甚爲簡樸。待經費較寬裕後，不但入口意象大門建得雄偉壯觀，神壇或法會會場也較爲寬闊，第二次台北市客家義民祭在青年公園

・台北市客家義民祭神壇(中原客家崇正會提供)

大門花鐘旁舉行，代表入口意象的門就建得雄偉壯觀，黑底白字書寫著「慶讚民國七十八年普渡中元義民爺祭典大會會場」，連行經環河北路的車子都可以清楚的看到台北市客家義民祭在這兒舉行；1995年在信義區公所旁(松智公園)，首次依照新埔義民廟的廟貌建立尺寸相同的牌樓，牌樓採組合式，神壇則採燕尾脊形式，材質改用鋁製品，依

規劃，希望能重覆使用，活動結束後買一個48呎的貨櫃做爲儲藏室，這個貨櫃最初置於張田位於新竹玻璃工廠的空地，2000年最後一次使用後，置於時任中原客家崇正會理事長范振宗湖口范家公廳前空地。

尋找交通便捷的空地做爲義民祭祭典的場所並不容易，1996年起至1999年都設於面積寬廣的華中橋下，相關人士建議設於該地前，擔心橋上人(男、女)、車走動有瀆神靈，特別到新埔義民廟，向該廟廟祝林木潭請教，彼稱若在橋

‧恭讀祝文(中原客家崇正會提供)

‧台北市客家義民祭的客家大戲(葉倫會攝)

下另建一座神壇，屬於二重天，應該無妨，並向義民爺擲筊請示獲准，旋經台北市義民爺祭典籌備委員會通過，活

• 神豬比賽(中原客家崇正會提供)

動在該地舉行4次，前3次都圓滿平安的完成，惟1999年，即最後一次民辦，自新埔請來義民爺坐鎮神壇的午后，方圓3公里左右出現一陣龍捲風，來得快去得也快，風停後，建築頗爲堅固的棚架幾乎全部倒塌，僅神龕和法會會場完好如初，棚架雖然全倒，不幸中的大幸是倒在送貨的小貨車上，至在棚架裏的工作人員僅受皮肉傷，經送醫後很快就回家療養，甚至有第二天又回到現場幫忙的鄉親，咸認爲是義民爺保佑所致。

龍捲風後的會場雖然滿目瘡痍，但義民爺主祭壇和

・華中橋下台北市客家義民祭(張心淵攝)

法會場地仍然完好，在場鄉親認爲這正是考驗客家人毅力的時候，除送醫者外，其他鄉親無分男女老幼，在主事者登高一呼下，捲起袖子協助清理現場，扶起棚架，重搭戲台，整理桌椅，讓第二天的正式祭典順利舉行。龍捲風的原因，眾說紛云，較多的說法可歸納爲：中原客家崇正會理事長於台北義民祭典期間因另有要公出國，義民爺認爲不妥；將往年四天的活動日期縮短爲三天，似乎和客家人無畏艱難的思維不同。

民辦期間，台北市客家義民祭現場的工作人員都是無名英雄，活動開始前，義工較多，人員調動容易，最怕的是活動結束後，處理滿目瘡痍的場地屢屢讓負責人員呼天

・台北市政府前廣場工作人員準備情形(葉倫會攝)

不應、叫地不靈，所幸總能化險爲夷，在適當的時候出現轉機，如1995年，活動地點在信義區公所旁空地(松智公園)，向養樂多公司借用大型傘棚做爲遮陽之用，讓參加的鄉親躲避炙熱的烈日，惟午夜活動結束後，這些傘棚仍然好端端的置於會場，主辦人員次日一大早抵達現場，看到這麼多傘棚，一面爲如何將其收妥還人傷神，一面收拾傘架，早起運動的鄉親看到僅一人在那兒賣力的收傘棚，既辛苦，速度又慢，問明情況後，急忙回家換衣服戴上手套再來，還邀幾位鄉親同行，人多好辦事，大家同心協力，不到中午就收妥，將傘棚還給養樂多公司。

・義工將義民爺牌位置於神壇（中原客家崇正會提供）

台北市客家義民祭典在台北機場舊址(京華城)舉行時，該地仍有幾間舊房子，堆滿附近居民丟棄的垃圾，鄉親們自動自發的整清理得乾乾淨淨，義民爺蒞臨台北暫厝的神龕就設在該地；搭戲台鷹架時，或許沒有牢固，戲班演唱前，有人掉到戲台下，所幸沒有任何人員受傷；是年義民祭舉行祭典儀式時，附近地區下著傾盆大雨，惟有京華城週邊不但沒下雨，還因附近地區的雨帶來涼意，讓活動順利完成，鄉親認爲全是義民爺保佑所致。

文公尺

・魯班先師(葉倫會攝)

文公尺又稱魯班尺，長一尺四寸一分(42.9公分)，以生、老、病、死、苦五字爲基礎，劃分爲八格，上面依序用硃砂寫著：財(錢財、才能)、病(商災病患、不利)、離(六親離散分離)、義(符合正義及道德規範，或有勸募行善)、官(官運)、刧(遭搶奪、脅迫)、害(罹患)、本(事物的本位或本體)。紅字爲吉，黑字爲兇。

常見的文公尺又分爲上、下兩部份：上半部爲文公尺，用於陽宅、神位、佛具尺寸；下半部爲丁蘭尺，用於陰宅、祖龕(墳墓、神位、公媽桌位)。

古代工匠建陽宅及廚灶、神桌都依文公尺的尺寸，將樑的高度、房間的面積(長寬)、門的尺寸定位於吉字上。換句話，文公尺用於陽宅建築，依風水的方位與氣象而設，

當然也考量適用性，主要用於神廳、主人房與書房。

建築物以隔牆內部實際尺寸爲準，門窗以窗框內窗仁爲準。住家大門只裝本門與財門，用義字反會有災禍臨門；寺觀、學舍、義聚之所可裝義門；官門只有官府可用，一般住家大門若用官字容易興訟。

相傳魯班與文公是兩個木匠，奉命率領旗下徒弟興建宮殿。文公嫉妒魯班的巧思及才華，偷把魯班用來丈量長度的尺鋸掉一小段，剩下一尺四寸一分，準備看笑話。魯班的徒弟按照師傅交代的尺寸裁切建材，直到要組合，才發現長度不對，且材料又已用盡，眼看無法完成任務，魯班突發奇想，用石頭打造圓珠「垣」頂替，組合在樑柱間，結構反而更加實用、美觀。

・平鎮義民廟魯班神像前的墨斗（葉倫會攝）

國王問魯班如何做出這麼美麗的建築，魯班感謝文公送把洩漏天機的尺，才量出如此完美的尺寸。國王也對文公讚賞一番。文公對魯班由慚生愧，心服口服。這把尺後來被稱爲魯班尺或文公尺。

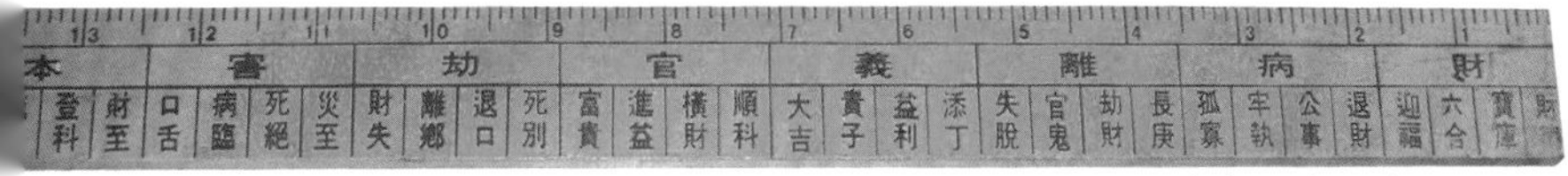

・三灣五穀神廟文公尺（葉倫會攝）

山歌

台北市客家義民祭第一次在大安森林公園預定地舉行，僅表演客家採茶戲謝神，第二年在青年公園，因爲場地較大，經費較寬裕，另搭一座康樂台，由客家鄉親登記上台獻唱，許多鄉親因爲生活在都市而有幾十年沒唱山歌，紛紛把握機會唱出屬於客家人的聲音，無數的鄉情透過唱者和聽者的互動，交織出汗水與淚水，反應出奇的好，嗣後台北市客家義民祭特別爲山歌搭起舞台，這座舞台雖然不大，演

• 小朋友唱客家歌謠(中原客家崇正會提供)

• 小朋友唱客家歌謠(中原客家崇正會提供)

• 客家鄉親聆聽屬於客家的聲音(中原客家崇正會提供)

・客家歌謠表演(中原客家崇正會提供)

唱的場次以個位數論，卻讓台北市的山歌班如雨後春筍般的冒出來，上台唱客家山歌的鄉親更從原來六、七十歲的老人，演變成幼稚園或國小的學生，其他客家社團舉行活動時，客家山歌成爲凝聚鄉親的重要項目。此外，在華中大橋舉行義民祭期間主持活動的彭月春，因爲表現優異，獲得各地桐花祭的主持機會，也在山歌比賽和客家歌唱比賽獲得佳績，甚至在客家電視台主持過全省玩透透的節目。

歷次活動的時間和地點

1988年8月19日至21日

大安森林公園預定地

1989年8月11日至13日

青年公園

1990年8月24日至26日

大安森林公園預定地

1991年8月16日至18日

大安森林公園預定地

1992年8月07日至09日

建國北路與南京東路之建國新村空地

1993年8月22日至24日

八德路四段與東寧街口(京華城)

1994年8月14日至17日

八德路四段與東寧街口(京華城)

1995年8月06日至08日

信義區公所前

1996年8月23日至25日

華中橋下河濱公園

1997年8月08日至10日

華中橋下河濱公園

1998年9月09日至11日

華中橋下河濱公園

1999年8月13日至15日

華中橋下河濱公園

2000年8月04日至06日

信義區A13停車場(新光三越)

2001年8月24日至26日

天母運動公園

2002年8月16日至19日

信義路、松仁路口(信義12號廣場)

2003年8月09日至11日

台北市立體育場

2004年8月21日至23日

台北市政府大樓大廳及府前廣場

2005年8月06日至08日

台北市政府大樓大廳及府前廣場

2006年8月15日至16日

南京東路小巨蛋

2007年8月25日至27日

台北市政府大樓大廳及府前廣場

2008年10月11日至13日

松山煙廠旁空地

・台北市政府（葉倫會攝）

大安森林公園

大安森林公園位於台北市中心，東臨建國南路，西臨新生南路，南側和平東路，北爲信義路，面積約26公頃，1985年開始闢建公園，1994年對外開放。隨著樹木的生長，逐漸具有淨化空氣、降低噪音、調節氣溫的功能。

公園以2條主園路貫穿東西，1條主園路貫穿南北，有涼亭、休憩亭12座，公廁6座。公園外人行道中央種楓香樹，臨建國南路的路樹爲盾柱木，和平東路爲樟樹、新生南路爲白千層、信義路爲榕樹(捷運施工時移除)、臨公園內緣以多層式綠籬區隔。2004年起，在複層式喬木下增設慢跑跑道，沿途設有運動里程耗掉多少卡路里的說明牌。

台北市大安森林公園（葉倫會攝）

華中河濱公園

華中河濱公園位於華中橋下的沙洲溼地，面積約46公頃，1994年開放，供市民遊憩、保育、休閒。冬季時，許多雁鴨到此棲息，形成獨特的生態景觀，溪畔有候鳥解說牌，提供賞鳥及自然教育的機會。

華中橋下的華中公園草坪面積約40公頃，設有水景、植栽、園景標誌、鵝卵石及青石等地坪舖面，另有停車場，可供棒、壘球活動。

園區內的環園道路表面舖設彩色柏油混凝土，環河腳踏車道提供青少年騎車踏青，另以天然鵝卵石舖設健康步道，讓景觀呈現多元化。

．台北市客家義民祭在華中橋下(中原客家崇正會提供)

．台北市客家義民祭牌樓（中原客
崇正會提供）

青年公園

青年公園位於水源路199號，東臨國興路、西瀕青年路、南靠水源路、北向青年路，面積約24公頃。日治時期，原爲練兵場，後來改建爲機場，因位於台北市南端，與松山機場南北相對，故稱南機場。1953年，設台北高爾夫球俱樂部，1974年青年節，移撥給台北市政府，改爲青年公園。1977年對外開放。

公園大門入口花壇成放射狀配置，園內中央廣植草皮，草坪區後側有水道與園內東北側九曲橋相通。運動設施有高爾夫球練習場、游泳池、網球場，撞球室與籃球場、羽球場、棒球場、溜冰場、網球練習牆、野外運動場等。

・青年公園正門(中原客家崇正會提供)

天母運動公園

天母運動公園位於天母忠誠商圈，佔地約17公頃，是台北市北區的運動公園。中央廣場設彩燈噴水池及親子戲水區，園區有綠地外，還有籃球場、網球場、溜冰場、兒童專屬遊戲區及符合國際標準的棒球場，棒球場是台北市唯一的職棒及國際比賽場地。噴水池內設置彩燈照明設備，噴發水柱時，可以觀景、也可以戲水。每當夜晚來臨，眩麗的燈光效果將噴水池映照得五彩繽紛。

・天母棒球場(葉倫會攝)

京 華 城

・京華城(葉倫會攝)

京華城位於八德路四段、東寧路和市民大道間，原為唐榮鐵工廠台北機械廠舊址，建於2001年，建築設計源於傳說的「雙龍抱珠」，首創L形主建築體，直徑58公尺的球體造型，基礎深85公尺，以四根巨柱載重，為國內首創最深建築基礎結構，含地上12層、地下7層(包含四層停車場)，共有19層，總樓地板面積六萬兩千坪，營業面積四萬兩千坪，外圍環繞四千坪綠地。

信義區公所前(松智公園)

松智公園位於松智路與松廉路口，鄰近台北101大樓。廣場風壓最大處設有台灣第一座景觀風力鐘，透過台北101大樓的風壓力，產生電能供風力鐘使用。風力鐘內收錄一百首以上不同的音樂，每日早上7時至晚上10時於整點播放不同旋律的報時音樂，且配合時節變化更新音樂內容。路旁設置2.1公尺寬的腳踏車道及腳踏車架，方便市民騎乘單車，俾利節能減碳。

四百平方公尺的草坪區，四周栽種遮蔭喬木，有軟化附近高樓林立的硬鋪面感覺，並降低熱輻射的效應。

・新光三越百貨公司(葉倫會攝)

・松智公園的風力鐘(葉倫會攝)

官方介入

・參與祭典人士(中原客家崇正會提供)

1995年，台北市政府配合客家義民祭編列客家文化節預算，同時補助義民祭典的部份經費，對籌錢不易的主事者而言，好像喘了一口氣，表面上，每年的活動依例舉行，而且可以解決經費不足的困窘，但政府預算終究需要檢討績效，就長期而論，台北市客家義民祭因而慢慢的引起質變，一樣的義民祭，每年的表現方式都不一樣，乍看之下，好像輕鬆不少，卻少了傳承的味道，尤其是政府接

・挑擔奉飯與參與祭典遊行隊伍(葉倫會攝)

辦後，外包公關公司縱使極爲用心，亦無法如客家鄉親般設身處地，把義民爺的事當做自己的事這樣用心，活動逐漸偏向表面的熱鬧，或都市嘉年華，復因下一年再接辦的機率有限，以至很少爲下一年或往後活動播種的思維，似乎也少了一點客家人的味道。但台北市政府參與義民祭造成的效果，也有正面的，如各縣市政府開始爲客家人規劃系列活動，一方面提升客家人的能見度，同時也幫客家產品找尋出路。

・客家義民祭在小巨蛋(中原客家崇正會提供)

政府接辦

・迎神繞境(中原客家崇正會提供)

民辦的台北市客家義民祭，歷經十幾年的演變，塑造出獨特的傳統與風格，惟政府舉辦的活動，須依政府採購法，公開發包委外辦理。得標的公關、顧問公司因爲經驗不足或時間的急迫性，往往無法掌握民辦期間的精髓，致每年祭典的水準起伏不定。官方文件表示，政府結合客家文化與信仰的台北義民祭，讓原來屬於客家的珍貴文化資產，透過創意活動，使族群間擁有更多的包容與尊重；每

次都有新的特色，讓參加的鄉親產生不一樣的感動；因爲每年都有出人意表的新模式，讓義民祭典成爲台北市客家人生活和信仰的期待。

・迎神繞境(中原客家崇正會提供)

2000年，台北市政府民政局首度接辦台北市客家義民祭，雖然是政府主辦，仍由客家社團主導。依台北市義民祭典20週年回顧一書說，是年義民祭將早年個人分工，改由社團分工，如客家自強會負責迎神與送神，北區客家會負責挑擔奉飯，通化街鄉親負責設香案和遶境，桃園和新

・迎神繞境(中原客家崇正會提供)

・迎神繞境(中原客家崇正會提供)

竹同鄉會負責會場維護，桃園同鄉會禮俗班負責公祭大典的三獻禮、唱禮等，因爲活動由各客家社團認養，大家都有參與感，加上文宣得宜，媒體廣爲報導，其中的榮景，讓參與的客家鄉親懷念不已。但以後的台北市客家義民祭就和客家文化節一樣，由公關公司執行，讓每年的客家義民祭，呈現不同的風貌。

政府主辦客家義民祭時，爲吸引市民參與，繞境與挑擔奉飯增加祭典活動的氣氛，同時仿民辦期間，提供冰水、仙草、炒米粉、糍粑等美食及客家藝品、客家影音及平面出版品的展售，或親子DIY遊戲，讓前往參加的信眾接觸客家傳統文化與文物。

・義民祭盛況(中原客家崇正會提供)

輪庄舉辦【2001】

新埔義民廟的義民祭歷經演變而由15大庄輪值，台北市政府希望住在台北市北區的客家鄉親分享義民祭輪庄舉行的氛圍，將活動設在台北市天母運動公園〈大葉高島屋對面〉，讓北區的客家鄉親能夠就近參加，演出節目有山歌、薪傳、唱客家歌謠、魅戲、客語布袋戲、客家美食和屬於客家專有的產業文化展等，穿直排輪鞋的年輕朋友以溜冰方式陪長輩遶境。此外，爲滿足南部客家鄉親的信仰

年輕朋友參與繞境(中原客家崇正會提

需求，第一次邀請屏東縣竹田鄉六堆忠義祠的忠勇公北上，首度讓義民爺和忠勇公在台北聚會。

・祭拜步步高升的紅粄（葉倫會攝）

台北市客家義民祭向來採三獻禮，第一次以五獻禮取代

・創意繞境(中原客家崇正會提供)

・天母運動公園的義民祭(中原客家崇正會提供)

三獻禮，儀式流程除獻花、獻果、獻酒外，增加獻藝(交工樂隊現場演奏搭配果陀劇場舞者以舞獻祭)、獻采(童男童女分別以四縣、海陸客語誦讀「拜問義民爺」詩)，讓義民祭典增添文化與藝術氛圍；此外也從公眾與裝置藝術著手，設計客家文學燭林與客家多寶格，讓參與者對客家文化有進一步的認識。美中不足的是交通動線與客家鄉親活動的範圍不同，被視爲參加鄉親較不踴躍的一次。

台北市客家事務委員會(2002)

・台北市客家義民祭獻果(中原客家崇正會提供)

2002年6月17日，台北市政府客家事務委員會掛牌運作，義民祭順理成章的由該會主辦，爲了加強客家鄉親參與的興趣，邀請台北市中原客家崇正會、台北市桃園縣同鄉會、台北市新竹縣同鄉會、台北市苗栗縣同鄉會、台北市六堆客家會、台北市客家文化協會、台北市客家自強會、北區客家會、東區客家會、台北客家長青會、台北市龍潭同鄉會、台北市彩鳳文化協會、台北飛鳳祥和促進

會、客家雜誌社、六堆雜誌社、中廣客家頻道、寶島客家電台、台北電台、客家時報社、南庄同鄉會、台北客家鄉親聯誼會、台北梅州同鄉會、世界客屬總會及原鄉旅北同鄉會、台北市客家民謠班班長聯誼會、台北市客家文化推廣協會、台北市客家語教師協會等合辦。此外，為發掘客家人在台北發展的傳奇故事，先後出版客家菁英、台北市義民祭典20週年回顧，希望傳統的客家精神透過義民祭在台北發光。

台北市客家事務委員會首度主辦的台北市客家義民祭在信義12號廣場(忠孝東路・松仁路口)舉行，結合民俗藝術、現代藝術及生活文化，用年輕化、快樂化的方式呈現傳統客家精神，希望將台北市客家義民祭辦成類似媽祖祭的民俗活動。較具創新的作法分別為：將龍柱融入義民祭典的場所；將活動移到台北市精華區；遵循傳統左青龍右白虎的動線規劃，寓意青龍帶福，隱喻進福去禍，入將出相之意，也是對義民爺

・義民祭典用百年古董挑擔奉飯(葉倫會攝)

表達謙卑、崇敬之心。主辦單位宣稱龍代表東土，即中原之意，且國人自詡爲龍的子民，而客家人又是古中原民族的一支，故自視爲龍的傳人。

是年義民祭的獻藝因爲交通便捷，捷運站就在旁邊，參加人數打破往年的紀錄。委由中原客家崇正會歌謠班合唱褒忠義民爺歌曲；獻采請古亭國小學生吟誦林柏燕的詩作義民魂，詩詞內容分英文、客語二種語言，代表生活在台北市的客家小朋友和青少年，經由客家鄉土教學，創造出與國際接軌的成果。

・溫送珍每年都參加台北市客家義民祭典(中原客家崇正會提供)

第一次移師室內 (2003)

台北市客家義民祭自1988年起在台北市舉行，神壇向來都設在室外，因爲部份年長的客家鄉親無法承受酷熱，將活動移到有空調設備的台北市體育館，仿新埔義民廟原貌建高8公尺、寬12公尺的神壇，配以金黃色布幔。除新埔義民爺和六堆忠勇公外，第一次邀請桃園平鎮義民廟、苗栗義民廟、台中東勢仙師廟的義民爺參加。官方文件寫著，是年義民祭的目標爲：「義勇之民、忠於斯土、護佑人民」，目的是朝族群和諧：方便其他台北市民參與；社團合作化：不分社團大小，不分宗親姓氏，共同爲義民爺

・台北市體育館(葉倫會攝)

眷顧子民；活動優質化：主題明確，提升軟硬體品質；參與年輕化：鼓勵大專青年社團參與。透過一系列融合傳統與現代化活動的呈現，提升義民爺為全國宗教主流信仰之一，同時讓更多客家第二代及其他市民了解客家文化，重新定位新客家人的意象。

・平鎮褒忠祠牆上捐款名單（葉倫會攝）

平鎮褒忠祠正殿供奉有「褒封粵東褒忠義民」神位的木雕，惟該神位屬於正殿義民爺，向來不離開該祠，台北市政府邀請該祠義民爺到台北市共襄盛舉時，前提是希望比照新埔義民廟，由木雕牌位來台北，後來採折衷方案，由平鎮褒忠祠另刻「褒封粵東褒忠義民」牌位木雕到台北，嗣後，其他供奉金身的義民廟若被邀參與盛會時，亦比照辦理。

・部分義民廟以到台北市參加義民祭為榮，三灣三元宮參加台北市義民祭令旗置於廟前（葉倫會攝）

台北市政府中庭廣場(2004)

・台北市政府(中原客家崇正會提供)

2004年，台北市政府為配合台北市慶祝建城120週年，第一次在台北市政府大樓中庭舉行義民爺安座祈福大典，除前一年邀請的新埔義民廟、桃園平鎮義民廟、苗栗義民廟、台中東勢仙師 廟、屏東六堆忠義祠等義民廟外，另外邀請關西、頭份、三灣、獅潭等9座義民廟的義民爺和忠勇公在台北市政府前廣場會師，讓更多客家鄉親感受到義民爺的神威。次日，千人挑擔奉飯遶境活動的隊伍從仁愛國小出發，沿仁愛路到台北市政府，接著進行義民爺祭祀大典，由馬英九市長、吳伯雄、行政院客委會主委羅文嘉、

新竹縣長鄭水金等人擔任正獻官，這是義民爺第一次進駐台北市政府大樓中庭。此外，邀請日本北九州青年商會80位會員，其中20位日籍小朋友與仁愛國小幼童軍共同參與挑擔奉飯活動，連同台大、師大、政大、文化等校客家社團同學，象徵文化薪傳，生生不息及與國際文化接軌的雙重意義。

・挑擔奉飯(中原客家崇正會提供)

是年，台北市客家文化節在客家藝文活動中心舉行淡北古道史展和歌詠客家義民活動，藉由淡北古道(新竹到台北)史料展覽，將二百多年來從新竹到台北的義民事蹟，架構出動人的客家史篇。

・客家青年勁歌舞台(葉倫會攝)

神豬競賽

・神豬(中原客家崇正會提供)

祭拜神豬的習俗源於先秦時期，其作用是將豬隻屠宰後做爲牲禮，擺於祭典供桌，表達信徒對神明的敬意，這隻豬要獻給神明當祭品而被叫做神豬。每年義民爺祭典的祀品，神豬是重要的焦點，養神豬的人有兩種，一種是輪值年份快到時，爲祭拜義民爺而養神豬的信徒，另一種是

・神豬競賽(中原客家崇正會提供)

專業人士，養好神豬供人購買。

新埔義民廟中元祭典時，輪值主祭庄頭的總爐主和爐主爲了拼面子，會想辦法養（或買）神豬，希望奪得特等獎，活動結束後，爐主們將豬肉做爲招待賓客的食材外，也將其切割分送親朋好友，一起享受義民爺的恩澤。在沒有電冰箱的時代，淹漬是保存食物的主要方法，收到親朋好友送來祭拜神豬的豬肉，將多餘部份淹漬，成爲時下客家小吃鹹豬肉的起源。

農業社會時期，信徒將神豬視為家庭的一份子，每天以新鮮的飼料、奶粉、麵皮、豆餅和地瓜葉餵食，豬舍保持清潔、通風，並祈求神明保佑，通常被指定為神豬的豬都具有靈性，與主人產生微妙的情感，宜避免受到干擾與探視。隨著飼養技術的進步，1千台斤以上的神豬逐年增加，飼養的時間也不斷縮短。

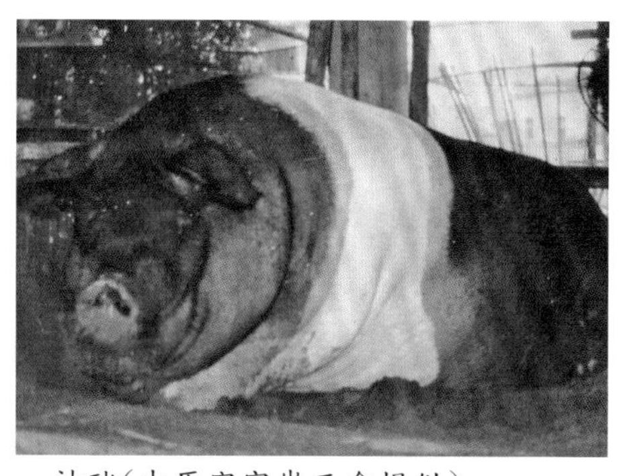

・神豬(中原客家崇正會提供)

・祭典結束鄉親分享神豬肉（中原客家崇正會提供）

早年，客家鄉親相信養得越強壯的神豬，越能表達對神明的虔誠；神豬越重，或神豬競賽獲得的名次越高，神明的保佑越明顯。神豬宰殺後，將內臟拿掉再整隻置於供桌上，以橘子或鳳梨塞在神豬的嘴巴，表示吉祥如意。

神豬競賽完全依體重排定名次，前20名且體重在一千台斤（600公斤）以上，可以送到新埔義民廟廟埕獻祭，俗

稱獻眾。部份保育團體認為神豬飼養過程中有強迫餵食現象，而對祭拜神豬表達不同的意見，台北市客家義民祭遂開風氣之先，鼓勵客家社團改以創意神豬祭祀，純是無心插柳，效果竟然超出預期，獲得各界高度的肯定。

・創意神豬(葉倫會攝)

創意神豬

台北市客家義民祭自舉行以來，客家鄉親歷年都遵循傳統，舉行神豬競賽，惟隨著社會型態的演變，爲表示對生命的尊重，2004年起，製作環保創意神豬，俾逐步取代傳統的大神豬。

透過媒體的報導，創意神豬成爲台北市客家義民祭最受矚目的活動之一，這份激勵，使得參賽社團奇招百出，利用稻草、米糕、竹籠、廢木、舊報紙、黑鈕釦等材料，製作出既有敬意又有環保概念的神豬，因爲創意十足、造型可愛，讓祭典變

・創意神豬(葉倫會攝)

・創意神豬(葉倫會攝)

得活潑有趣。在輸人不輸陣的巧妙心情下，經由觀摩，透過討論與巧思，製作推陳出新的創意神豬，而且，越來越受歡迎，每年都爲台北市客家義民祭創造新的文化意涵。

創意神豬每年都有不同的主題，如2007年是金豬報喜，同時規定材料需爲食品，是年參賽神豬的材料爲五穀、麵線、鳳梨、巧克力、麵包、棉花糖等，透過集體巧思，呈現客家人刻苦耐勞、勤儉持家的創意神豬在台北市政府中庭大廳一字排開，獲得各界的好評。

・創意神豬(葉倫會攝)

・創意神豬(葉倫會攝)

・五花八門的創意神豬(葉倫會攝)

推陳出新（2005）

2005年的義民祭在台北市政府中庭暨府前廣場舉行，規模較往年大，參加廟宇除前一年的新埔義民廟、桃園平鎮義民廟、苗栗義民廟、屏東六堆忠義祠、台中東勢仙師廟、關西、頭份、三灣、獅潭等義民廟和忠勇公外，另外增加頭份、芎林兩座義民廟，共11座。

新埔義民廟舉辦的祭典，傳統上都有豎燈篙的儀式，是年在台北市政府廣場製作9公尺高、12公尺寬的燈牆裝置藝術，懸掛1,200顆紅燈籠，中間用黃燈籠嵌著「義民」兩個大字，被視爲台北市最大的活動式燈牆。第二天，台北市長和兩千多位鄉親一起自松山高中擔著創意擔頭參加挑擔奉飯，

・台北市客家義民祭在台北市政府中庭廣場（葉倫會攝）

・五花八門的創意神豬(葉倫會攝)

客家山歌班製作的創意神豬亦是當年的特色。除了傳統的宗教活動外，活動有傳統扮仙、山歌班表演的歌舞，高屏溪青年合唱團、客家小朋友組成的童馨兒童托兒所、樟新童謠班等，象徵客家文化一代一代的繼續傳承。

・台北市客家義民祭盛況(中原客家崇正會提供)

・挑擔奉飯前導車(中原客家崇正會提供)

小巨蛋【2006】

第19屆台北義民祭暨第11屆台北市客家文化節在臺北市小巨蛋舉行。邀請義民廟的家數和參與鄉親都創造新紀錄，除前一年邀請的新埔枋寮褒忠義民廟、桃園平鎮義民廟、苗栗義民廟、屏東六堆忠義祠、台中東勢仙師廟、關西、頭份、三灣、獅潭、頭份、芎林等外，另邀新店義民廟、中和義民廟、竹東惠昌宮、南庄義民廟、大湖義民廟、南湖義民廟、南投縣國姓鄉義民廟、嘉義義民廟等，共18座宮廟參與，活動有主祭典，挑擔奉飯，彩繪神豬比賽、創意神豬，客家歌謠演唱等，來自台灣各地的兩萬多名鄉親進入小巨蛋，挑戰台北市客家活動參與人數的紀錄。有

・溫送珍參加市府大樓中庭廣場的台北市客家義民祭(葉倫會攝)

・打破台北市客家鄉親參與活動的義民祭(中原客家崇正會提供)

半數以上的鄉親是第一次參加台北市客家義民祭。

邀請各地義民廟共襄盛舉，有助帶動鄉親響應祭典，同時也引來政治人物的參與，是年因爲台北市長選舉在即，受邀擔任祭典正獻官的政治人物有十餘位，一般反應仁智互見，但就舉辦活動來說，有媒體聚焦，可以增加能見度，吸引更多鄉親參加，符合宣導活動的用意。

・台北市客家義民祭平安傘(葉倫會攝)

祭典的高潮

台北市客家義民祭的主要活動是安座大典、三獻禮、五獻禮、挑擔奉飯、恭迎義民爺、誦經法會等傳統祭典，也是參與群眾最踴躍的項目，據統計，安座大典的人潮最多，也讓場面動起來，這種觀察結果顯示祭典儀式是活動的核心。創意神豬推出後，攻佔媒體的版面並且成爲許多客家社團努力的項目，若能引入新思維與技巧，一定可以吸引更多人的注意。

・恭迎義民爺(中原客家崇正會提供)

安座大典最受歡迎的原因是儀式充滿張力，尤其是各地義民爺神轎抵達現場時，抬神轎的信徒跨過爐火，一步步的將義民爺迎上主祭台，不論聽到聲音或看到

的景觀，都氣勢滂薄，讓人感動。換句話說，宗教儀式的魅力在此達到最高潮。據常年參與義民祭典的民眾表示，無論空曠地區的大安森林公園、青年公園、華中橋下，或台北市政府中庭、小巨蛋等室內空間，聽到三聲的「進、進、進」時，情緒就激動起來。

・客家鄉親祭拜義民爺(中原客家崇正會提供)

台北市客家義民祭民辦期間都在室外舉行，官辦初期亦是如此，惟自2003年起移往室內，在室內與室外舉行，各有其優、缺點。室內受限於空間，無法提供民眾上香祭祀，與傳統信徒祈求儀式不同，惟媒體報導較多，參加人數有上升的趨勢，熟悉面孔外，亦有鄉親帶著子女、孫子參與盛會，或吸引國際觀光客的注意。

・外國人參加台北市客家義民祭(葉倫會攝)

客家文化節

1995年，台北市政府首度配合客家義民祭舉行客家文化節，除補助祭典的部份經費外，也引進多元的客家文化，除了信仰的祭祀外，增加其他的動力，尤其是公部門介入後，建立檔案資料，跳脫早期口耳相傳的傳承風格。歷經多年的演變與改進，不斷引進新的做法，賦予台北市客家義民祭更多責任，要將客家人優美的文化透過祭典活動，吸引更多鄉親參與。

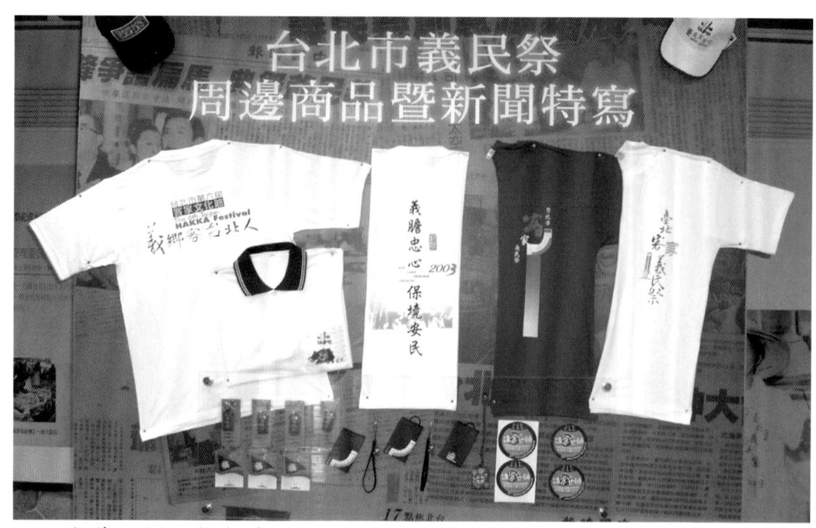

・客家義民祭歷年穿著服裝（葉倫會攝）

・台北市客家義民祭回顧展(葉倫會攝)

2007年，主辦單位鑑於台北市客家義民祭自1988年舉行至該年爲20年，於是訪談參與義民祭的鄉親，整理座談會資料，捕捉客家人在台北舉辦義民祭的想法，在客家藝文活動中心舉行成果展，出版「台北義民20回顧」專書，讓大家看到義民祭在台北發光發熱的成效。

・蔣經國總統祭拜新埔義民廟義民塚(新埔義民廟提供)

・台北市客家義民祭牌樓（中原客家崇正會提供)

挑擔奉飯

挑擔奉飯是客家人奉祀義民爺的傳統習俗，早期，地方居民常組保鄉衛土的自衛隊，村民會自動奉飯供其食用；另祖先往生時，子孫會奉飯，因爲客家鄉親將義民爺視爲親人，新埔義民廟或其他義民廟都有輪流奉飯的習俗，這種習俗被稱爲挑擔奉飯，關西鎮金錦山義民廟、富里鄉竹田義民祠仍保有是項習俗。台北市客家義民祭民辦期間，僅有奉飯，政府接辦後，將挑擔奉飯做爲儀式之一，有鼓勵參加，凝聚客家鄉親的寓意。

・挑擔奉飯的竹籠(中原客家崇正會提供)

・挑擔奉飯的竹籠(中原客家崇正會提供)

・挑擔奉飯的竹籠(中原客家崇正會提供)

二十年有成【2007】

2007年，適逢義民祭舉辦20週年，台北市客委會除邀請前一年的新埔義民廟、桃園平鎮義民廟、苗栗義民廟、屏東六堆忠義祠、台中東勢仙師廟、關西、頭份、三灣、獅潭、頭份、芎林、新店、中和、竹東惠昌宮、南庄、大湖、南湖、南投縣國姓鄉、嘉義等地義民廟和忠勇公外，另外增加鳳林壽天宮等20座義民廟和忠勇公共襄盛舉。

在台北市政府中庭與府前廣場設有義民爺爺故事屋、

・2007參與台北市客家義民祭各廟義民爺牌位（葉倫會攝）

展示義民祭爲主題的文物、典章、照片、書籍、美濃紙傘和製作擂茶的DIY，把台灣各地的粢粑、美濃粄條、福菜、碗粄(碗粿)、菜包、菜頭粄、艾粄、柿子餅、桔子醬…等客家美食齊聚一堂，舉行別緻的園遊會。另外有HAKKA WALK文化公車遊台北，沿線介紹30家客家餐廳的美食。

規劃台北很好「客」文化公車7條行程，從客家藝文中心出發，車上有專人導覽台北市客家景點，此外，客語教學成果展、後生勁歌之夜、歌謠班表演、客家經典之夜等，也是學客語、欣賞客家戲曲的好機會，另外還有客家技藝、農特產的園遊會等活動。壓軸的義民祭典從25至27日，廣邀各地義民廟共襄盛舉，祭典流程遵循傳統古禮，迎神遶境、安座、陣

・2007年挑擔奉飯前導車(葉倫會攝)

・2007年台北市客家義民祭挑擔奉飯團體準備出發（葉倫會攝）

頭表演、客家大戲、挑擔奉飯、主祭大典、送神等。

參加神豬比賽的單位分別爲台北市中原客家崇正會、台北市苗栗縣同鄉會、台北市桃園縣同鄉會、台北市崇正會忠義班、台北市新

・小朋友參與挑擔奉飯表現客家代代相傳的寓意(葉倫會攝)

・台北市客家義民祭婦女義工隊(葉倫會攝)

竹縣同鄉會、台北市客家長青會、台北市崇正會內湖班、台北市崇正會永建班。創意神豬的數量突破紀錄，造形更是五花八門，亦爲台北市客家義民祭典創造出新的傳承。

更改祭典日期擲筊請示

旅居台北的客家鄉親大部份是義民爺的信徒。1988年，爲慶祝新埔義民廟建廟兩百週年，客家鄉親自動自發舉行台北市客家義民祭，逐漸發展成爲具有都市特色的慶典，爲配合義民節與中元普渡而在酷熱的夏天舉行，顯得美中不足。

・義民祭更改日期擲筊(葉倫會攝)

台北市政府客家事務委員會鑒於一年一度的台北市客家義民祭是該會重要的施政重點，爲期義民祭能夠發揮凝聚鄉親的作用，每年都用心的推出新作法。2008年2月18日，台北市政府客家事務委員會辦理「2008台北客家義民祭活動」第二次籌備會議，有委員提議活動時間若能避開酷熱的夏天，改在秋高氣爽的十月，俾提升鄉親參與的意願，擴大活動的影響力，劉智雄主任委員亦認為這個建議很好，值得採行，惟希望先向義民爺擲筊請示，獲得同意後，再決定是否延後至秋天舉行，出席與會的羅世昌、沈鳳雲、范姜瑞，曾永有、彭惠圓、葉倫會......等都表示讚同，於是邀請旅北各地客家同鄉會或社團負責人於2月21日上午連袂前往新埔義民廟向義民爺擲筊請示。

・劉智雄主委與客家鄉親向新埔義民廟義民爺祈請更改台北市客家義民祭日期(葉倫會攝)

2008年2月21日（元宵節）上午，林偉忠專門委員辦公室的義民爺令旗、一群旅居台北市的客家鄉親和台北市客家委員會人員坐遊覽車前往新埔義民廟，上香後，由范姜瑞宣讀祭文，向義民爺稟報台北市客家義民祭舉辦以來的

・新埔義民廟籤詩（葉倫會攝）

情形，但爲因應都市化社會的需求，發揮更大的影響，祈請義民爺同意援例舉行20年的台北市客家義民祭典能夠改在秋天舉行，祭文宣讀完畢即擲筊，只見范姜瑞手起筊落，義民爺同意的聖筊（一正一反）即呈現在每位見證的鄉親面前，也就是說，義民爺對台北市客家事務委員會和客家鄉親的請求表示同意。

・新埔義民廟1951年廟貌(新埔義民廟提供)

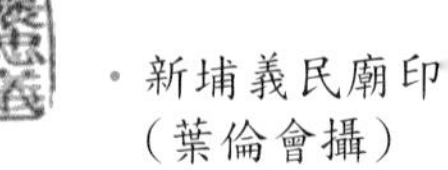

・新埔義民廟印（葉倫會攝）

台灣的義民廟

台灣供奉義民爺的廟宇至少有50座，其中以新埔義民廟、平鎮義民廟、苗栗義民廟、頭份義民廟、獅潭義民廟、高雄義民廟和屏東六堆忠義祠的規模較大。除苗栗義民廟、東勢巧聖仙師廟、彰化埔心忠義祠、北港義民廟和六堆忠義祠外，幾乎都分靈自新埔義民廟。

較重要的義民廟分佈情況如下：

台北縣

新店義民廟、台北褒忠義民廟

桃 園

平鎮褒忠祠、龍潭永福宮

新 竹

新埔義民廟、關西金錦山義民亭、北埔慈天宮
竹東惠昌宮、芎林廣福宮

花 蓮

鳳林壽天宮、鳳林褒忠義民亭、吉安鄉稻香褒忠忠義堂、
吉安鄉永興褒忠義民堂、吉安鄉南昌褒忠義聖堂

、富里竹田義民亭、玉里協天宮、玉里五股王爺廟

苗 栗

苗栗義民廟、頭份義民廟、三灣三元宮、三灣五穀王爺廟、南庄永昌宮、南庄崇聖宮、南庄三聖宮、獅潭義民廟、大湖大湖昭忠塔、大湖南湖護安祠

南 投

草屯鎮褒忠堂和中原褒忠宮、國姓鄉乾溝義民祠和南港褒雄宮、國姓鄉護國宮、國姓鄉碧雲宮埔里中原褒忠宮、埔里無極褒忠宮、水里鄉義民廟中寮鄉義民宮

彰 化

埔心鄉忠義祠、永靖鄉福興村義民祠

雲 林

北港義民廟

嘉 義

嘉義褒忠義民紀念堂、公明路忠義廟

高雄市

褒忠義民廟

高雄縣

旗山鎮旗美褒忠義民廟、甲仙褒忠義民廟、大寮靈宵寶殿、岡山義民救世壇

屏 東

竹田鄉六堆忠義祠

全臺義民廟分佈

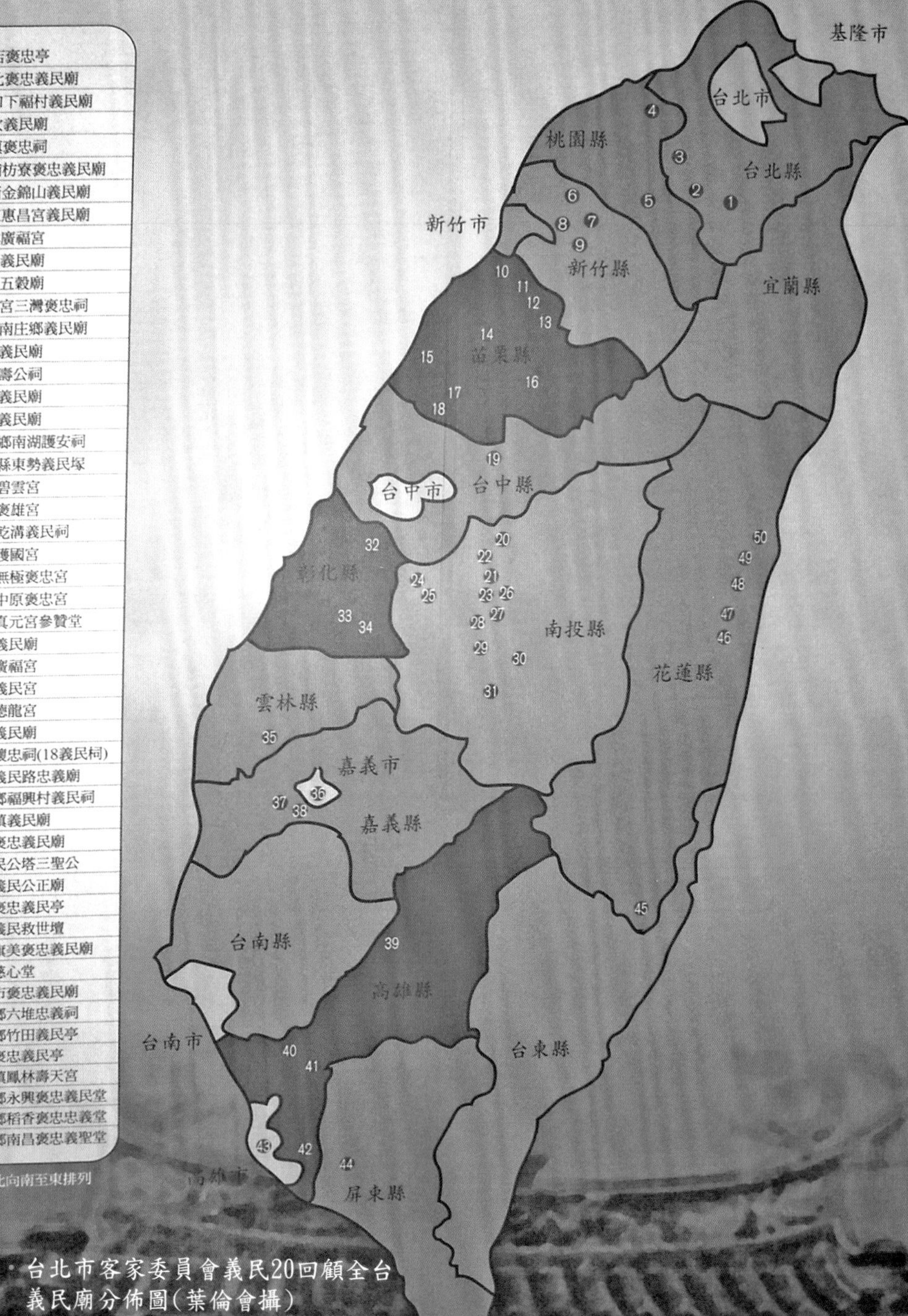

・台北市客家委員會義民20回顧全台義民廟分佈圖（葉倫會攝）

新埔義民廟

・清朝皇帝御賜客家義民的褒忠區額(葉倫會攝)

新埔鎮位於新竹縣東北方，原爲平埔族打獵的荒埔，舊稱吧哩嘓和枋寮。1784年(清朝乾隆49)年，文獻上首度出現新埔莊。19世紀初期，新埔是蔗糖、茶葉和樟腦三大經濟作物的集散地，商業極盛，保留許多珍貴的文化遺產。

清朝乾隆年間，漢人利用相思樹製成木炭，有許多燒木炭的工寮而得名；另說，開採樟腦，工人住的房子以木板釘成，音似枋寮（客語）而命名枋寮。

1785(清乾隆50)年，林爽文事件發生，淡水廳治竹塹（新竹）被攻陷。1787年，客家人協助政府反攻竹塹，死

・新埔義民廟觀音菩薩、神農大帝、三山國王神位(葉倫會攝)

・新埔義民廟義民爺神位(葉倫會攝)

傷慘重，事後，鄉親到竹塹尋找親友屍首，準備將其運回湖口埋葬，據傳牛車到新埔便走不動，經擲筊詢問陣亡英靈，希望長埋該地，戴元玖知道後，捐出土地，次年，林先坤等捐出墓前土地建義民廟，或許是義民爺的保佑，林先坤的後代，清光緒年間，林秋華中式武舉人，1970年後，一人擔任台灣省主席(林光華)，三人任縣市長(林保仁、林光華和林政則)。其他優秀子

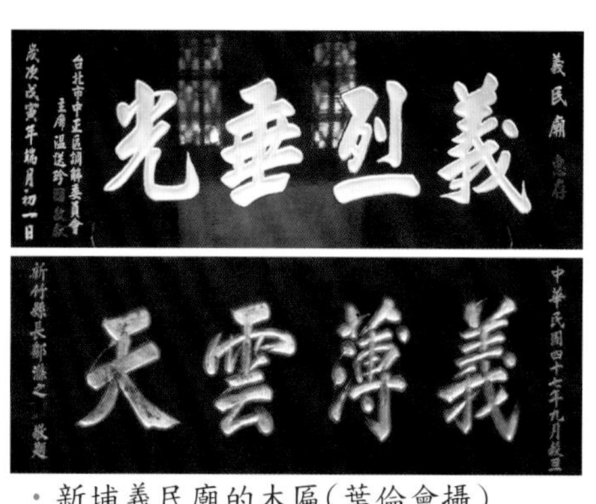

・新埔義民廟的木匾(葉倫會攝)

・溫送珍拜會新埔義民廟林光華董事長(2007年葉倫會攝)

孫不計其數。

新埔義民廟正名褒忠亭，依山而建，據說因合祀三山國王、觀世音菩薩、福德正神，改稱義民廟。義民廟坐北朝南，後有店仔湖台地，前有鳳山溪水如玉帶纏腰，更有犁頭山餘脈為案，前低後高，左右開帳，宏偉壯觀。廟內雕樑畫棟，裝飾多樣而精緻華麗，牌樓外兩匹石馬原置於廟前，依石馬肚子的徽章觀察，應係建於日治時期。該廟未設龍柱，使用圓形石柱，柱珠部份為圓形，但各面收線角為八段，各段雕有花、鳥和水果等。

1835(清朝道光15)年起，每年舉行中元祭典。1847(清道

・溫送珍和他捐贈的香爐(葉倫會攝)

光27)年，林茂堂、劉維翰邀請新埔街、九芎林、大湖口、石岡子等四大庄士紳，將廟產交四庄輪流管理，輪管庄頭負責辦理春秋二祭。隨著地方的開發，由4庄擴充爲13庄，依序爲六家、下山、九芎林、枋寮、新埔、五分埔、石岡、關西、大茅埔、湖口、楊梅、溪北、溪南等。1877(清光緒3)年，大隘地區加入輪值，成爲第14庄。1976年，溪北區劃分爲新屋、觀音二區，變爲15大庄。因分靈遍及台灣各地，新埔義民廟被視爲台灣客家人的信仰中心。

新埔義民廟後有兩座墓塚，分別是正塚與副塚，正塚葬的是林爽文事件的義民，規模較大，早年受到官方保護，現貌是1923年所修，中央墓

・新埔義民廟木匾(葉倫會攝)

・新埔義民廟後正塚(葉倫會攝)

碑爲花崗石，兩側的墓手及墓手欄爲砂岩，雕刻精緻，「粵東褒忠義民之總墓」石碑對準廟中央，上方雙龍搶珠，輔以雲龍、雲朵、人物，石材是花崗石與砂岩，部份雕刻雖然風化嚴重，風華仍在，全墓爲三曲手的形制，前爲半圓形墓庭，左爲金亭，右爲福神石碑。義民塚墓地有兩個灣型造型，第一灣型代表官員坐在椅子上，第二灣型是代表

・新埔義民廟後副塚(葉倫會攝)

椅子的扶手。據稱義民爺是協助政府平亂有功，接受褒揚的忠骸，故建築呈現官式造型。附塚位於正塚左後方，是1861(咸豐11)年戴潮春事件的犧牲者。

墓塚雕刻的花鳥人物都活潑有趣，且神態動人。廟旁及後山為公園，設有庭園、亭台、樓閣、水池吊橋及遊樂設施。

新埔義民廟是四合院燕尾脊建築，翹脊造型優美、石柱、石獅壯觀，木雕精美。匾額多是該廟的特色，含清朝乾隆皇帝敕賜的「褒忠」匾、日治時期台灣總督長谷川清贈的「盡忠報國」匾，都是重要文化遺產。1985年，內政部將其指定為第三級古蹟。

・新埔義民廟石燈(葉倫會攝)

義民廟正殿面寬五開間，中央三向外為堂形式，後步口以飛簷隔開闢為三座神龕，中央奉祀「**褒封粵東褒忠義民**」神位，上方中央闢一小室供奉聖旨，壽樑懸掛御賜「褒忠」匾額。左側神龕配祀三山國王、觀世音菩薩、神農氏，右側神龕配祀福德正神、戴元玖公和開山沙彌開智武禪師祿位。左右廂房另有其他神明和功德祖，不見任何神像是該廟特色。

・新埔義民廟前石馬(葉倫會攝)

石雕以泉州白石爲主，質地堅硬，色澤溫潤，主要分佈於三川殿的布口廊。技法分別爲浮雕、鏤雕、剔地起突、線雕、字雕等，且交換運用，變化多端是其特色。

・新埔義民廟石馬肚徽(葉倫會攝)

彩繪利用天然漆和油料髹塗器物，包括油漆作及繪畫兩部份，彩繪的主題採自耳熟能詳的章回小說或民間故事，以趨吉避凶的吉祥事物、忠孝節義、歷史人物爲主，具備教化和安定人心、滿足人們祈求平安、富貴的思維。

關西金錦山義民廟

關西鎮位於新竹縣東北端，鳳山溪由東南往西流，山川秀麗，氣候宜人，居民以長壽者居多，故有長壽鄉的美譽。

金錦山義民廟位於關西鎮金山里12鄰127號，該處舊稱馬武督，日治時期稱新山、老山，光復後改名金山、錦山兩里。1919年，天災、人禍不斷，保正謝亮昌率民眾前往新埔義民廟，祈求黑令旗，供奉於馬武督聯庄公館，並以12頂

・關西金錦山義民廟(葉倫會攝)

・金錦山義民廟義民爺(葉倫會攝)

神轎遊庄3日，果然消災解厄，合境平安，於是懇請義民爺暫奉於老書房(今廟址)，每日由各鄰輪流奉飯，此習俗延續至今。

1966年，邱陽甜、陳阿達發起興建委員會，1968年落成。1990年，重建二樓宮殿式建築，推蘇東貴擔任主任委員，經熱心信眾通力合作，1993年落成。主祀義民爺，呈現背山面水，燕尾瓢稜，雕梁畫棟，牌樓高大的廟貌，附祀觀世音菩薩、天上聖母、關聖帝君、五穀王爺、城隍爺、註生娘娘等。

・關西金錦山義民廟(葉倫會攝)

芎林廣福宮

廣福宮位於新竹縣芎林鄉文昌街廣福巷45號，建於1800(清嘉慶5)年，主祀三山國王，命名廣福宮，係取廣澤福佑的寓意，即「廣佈神靈臨下有赫，福緣善慶惠我無疆」之意。歷經1821年、1895年暨1989年改建成燕尾脊宮殿式的宏偉廟貌。1950年代，先後迎祀觀世音菩薩、天上聖母和褒忠義民爺等。廟埕左側置有1867(清同治6)年、1894(清光緒20)年及1915年立的奉憲示禁碑、九芎林義渡碑和創建茱頭寮暨二崁店義渡碑石碑三塊，是九芎林開墾的重要見證，是芎林鄉的信仰中心。該廟每年農曆七月的中元節，舉行神豬比賽，爲地方盛事。

・芎林廣福宮義民爺（葉倫會攝）

竹東惠昌宮

惠昌宮位於竹東鎮東寧路三段67號，主祀三山國王，原稱國王宮，建於1810(清嘉慶15)年，原爲竹東開山祖彭氏的家廟，地方繁榮後，民眾和彭家一起拜祭，該廟佔地三百多坪，歷經多次整建，留有淡水同知李慎彝題於道光七年春月的木匾「植良鋤莠」。陪祀新埔義民爺、新竹城隍爺，是竹東居民的信仰中心。

．惠昌宮義民爺
（葉倫會攝）

竹東惠昌宮(葉倫會攝)

北埔慈天宮

‧慈天宮義民爺
（葉倫會攝）

北埔慈天宮位於北埔鄉北埔街1號，主祀觀世音菩薩。據傳觀世音菩薩爲姜秀鑾自福建奉迎而來。墾拓時，墾民隘丁前往禱祝，祈求平安順利，都是有求必應。1846(道光20)年，改建爲木造廟宇，1874(同治13)年，改建爲坐東朝西，兩殿兩廊兩橫屋的建築。石柱人物爲24 孝的故事，在台灣極爲罕見，1985年被指定爲第三級古蹟。配祀天上聖母，另有五穀神農皇帝、文昌帝君、三山國王、三官大帝、註生娘娘、新竹城隍爺、新埔義民爺、每年初即排好當年每天爲義民爺挑擔奉飯的村鄰及家戶。

‧北埔慈天宮（葉倫會攝）

平鎮褒忠亭

平鎮舊稱張路寮，先民爲防衛原住民侵襲設守望寮，稱張路寮，守望寮設置後地方逐漸安寧，改稱安平鎮，1920年改名平鎮。

1791(清乾隆56)年，桃園宋屋廣興庄總理宋廷龍爲減輕信眾長途往返新埔義民廟之苦；1854(清咸豐4)年，於平鎮初建平鎮義民亭，1857(清咸豐7)年，增建前堂及兩廊，並勒碑爲記，名褒忠祠。該廟是台灣最早從新埔義民廟分靈的義民廟。

・平鎮義民廟義民爺神像(葉倫會攝)

1949年，居民見廟宇腐壞有倒塌之虞而重建，完成面寬五開間、兩進加兩護龍的廟貌，並雕刻義民爺神像，接

・平鎮義民廟(葉倫會攝)

受信徒祭拜，也是台灣第一個塑有義民爺金身的義民廟，義民爺金身的臉部仿以忠肝義膽的關聖帝君，不論造型如何？全部都是紅臉。1972年，正殿屋頂再度因白蟻蛀蝕，由中壢、平鎮、楊梅等13大庄居民捐款重修，次年竣工。

平鎮義民亭大門口的石獅造型特殊，如雌雄二獅都踩繡球。三川殿建築有美麗的牌頭和交趾陶，大部份交趾陶因存放室內而獲得完善的保存，每件都是珍貴的文化資產，兩側為左鐘樓、右鼓樓，左右護室的圓形窗與殿內的柱飾，拜殿屋脊雕塑為雙龍搶珠，正殿的福祿壽帶有日治時期西洋建築的風格。該廟龍、虎兩邊牆上都鑲有清朝咸豐年間建廟的石碑。

苗栗義民廟

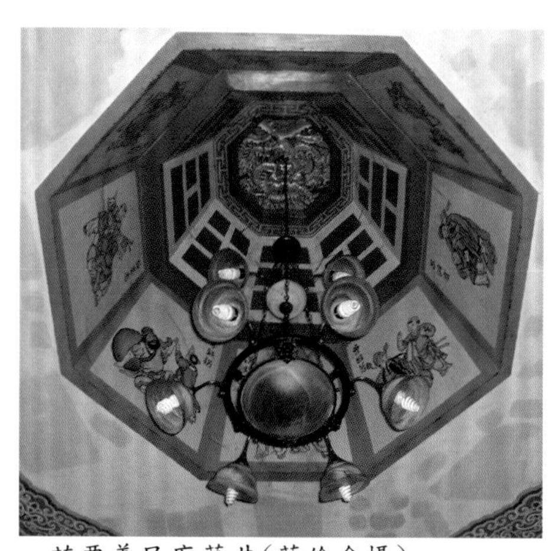

・苗栗義民廟藻井(葉倫會攝)

苗栗市原爲平埔族道卡斯族貓裡社(一稱麻裡社)活動的區域。1737(清乾隆2)年，廣東墾民開拓此地，依ｐａｌｉ音譯爲貓裡，原意指平原。1889(清光緒15)年，改名苗栗。

・苗栗義民廟(葉倫會攝)

・苗栗義民廟義民爺神位(葉倫會攝)

・苗栗義民廟石馬(葉倫會攝)

苗栗義民廟位於苗栗市義民街，林爽文事件後，鄉民在中興莊建坐南朝北的義民塚，埋葬64具忠骸，乾隆60年，士紳謝鳳藻捐地建廟，1863年，因廟宇破舊，徐佳福等將其座向改爲坐北朝南，更名義民廟。1937年改建爲日式廟宇，1952年改建鋼筋混凝土，如今的廟貌是1969年所建，廟門有兩匹石馬惟肚子沒有徽章。日治時期，左側有間石母祠，據說小孩身體不舒服，祭拜石母娘娘就能求得健康，後來將其供奉於廟內，稱「高顯尊神之香位」。

・坐南朝北的義民爺墓塚(葉倫會攝)

獅潭義民廟

・獅潭義民廟(葉倫會攝)

獅潭鄉是苗栗縣的地理中心，五分之四的面積被高山盤踞，五分之一爲縱谷，擁有自然生態、深山的寧靜、客家古聚落之美，被譽爲世外桃源。相傳獅潭之名緣自境內永興村與百壽村處有一座小山，遠望似俯臥山巒的獅子，而獅頭正臨後龍溪之潭，因而得名。惟這樣的奇景，台三線拓寬後就不見了。

獅潭義民廟供奉主神爲義民爺，廟中未設神像，全爲牌位。清朝同治年間，黃南球率眾前往拓荒墾殖，涸平原住民滋擾，爲紀念有功烈士，並安慰忠魂，自新埔恭迎義民爺前往祭祀，並供奉黃南球牌位，稱「黃滿頭家」。

1907年，修建義民廟，1935年，因關刀山大地震毀損重

・獅潭義民廟前的楊梅樹（葉倫會攝）

・獅潭義民廟義民爺（葉倫會攝）

建爲磚瓦建築。1991年，第三次重修，具有雕樑畫棟、富麗堂皇的廟貌。因爲獅潭狹谷面向北方，爲了鎮住風口，獅潭義民廟採坐南朝北，廟前有棵楊梅樹，長得極爲茂盛，廟公說種樹時未特別挑選，或許是冥冥中示意黃南球出生桃園縣楊梅鎮的寓意。

頭份義民廟

・頭份義民廟(葉倫會攝)

頭份鎮位於苗栗縣西北部中港溪中游河谷地區。清乾隆16年，客家先民於頭份與中港（竹南）間設田寮做為墾地，後來陸續開闢頭份、二份、三份；開墾時，拈定墾地次序，如拈得第一號即為頭份。

・頭份義民廟義民爺（葉倫會攝）

頭份義民廟位於苗栗縣頭份鎮中山路135號，又名忠義亭，建於1886(清光緒12)年，新埔義民廟原由新竹14大庄輪流祭祀，中港、頭份各庄包括在內。因交通不便，輪庄祭祀時祭品搬運不便，日常喜慶祈願酬神也不方便。地方先賢張維垣、貢生陳馨蘭、廩生陳萬青、貢生陳大彬、黃錦章等於1886年徵得新埔義民廟義民爺的同意，在頭份建廟，廟成時，敦請「褒封粵東忠義諸公之神位」入主。

1927年，首度整修，不久，祀典被禁，神位被撤，1945年，恢復祀典，隨著經濟與社會的進步，香火日漸興盛。歷經整修後，正殿一樓主祀義民爺，爲木製牌位，其餘神明均爲神像。二樓另有圖書閱覽室，四周庭園環境整潔，是讀書及舒暢心靈的場所。

・頭份義民廟藻井(葉倫會攝)

南庄永昌宮

永昌宮位於苗栗縣南庄鄉大同3號，主祀三官大帝，建於1905年，關刀山大地震時，全部倒塌，在原處低窪地區建簡易廟宇，方便居民膜拜，因廟址橫陳於溝渠上，溝渠壁中潺潺流水，若遇大雨，又無法舉行祭典，被視為風水不佳。1952年，鍾連發等人發起遷建現址，邱運生捐磚十萬塊，座東向西的永昌宮成為南庄居民的信仰中心。旋因年久失修，廟宇破舊，1986年12月重建燕尾脊宮殿式兩層廟宇，1988年竣工。永昌宮附祀天上聖母、至聖先師、註生娘娘、義民爺和福德正神等，是南庄地區香火最盛的廟宇。

・南庄永昌宮(葉倫會攝)

・永昌宮義民爺
(葉倫會攝)

三灣五穀廟

・三灣五穀廟義民爺(葉倫會攝)

三灣五穀廟位於三灣鄉三灣村中山路46號，建於1851(清咸豐元)年，信士陳氏捐地三百坪建廟，歷經多次整建，今貌建於1984年，上面寫著五穀養萬民。該廟主祀神農大帝，神農氏面相分紅色、黑色和粉紅色，陪祀仙爺、觀世音菩薩、天上聖母、地藏王菩薩和義民爺，是三灣居民的信仰中心。

・三灣五穀廟(葉倫會攝)

三灣永和山三元宮

三元宮位於三灣鄉永和村石馬店12號。1813(清嘉慶17)年，廖佳福率族人入墾，爲祈地方永遠平靖，取名永和山。1877(清光緒3)年，在石馬店附近設三元宮，主祀三官大帝。並且爲被原住民殺害的先民建義塚，鎮邪保安平。1929年，爲弔慰開拓期間捐軀的英靈，向新埔義民廟恭請義民爺香火，設褒忠祠，嗣毀於關刀山大地震，修復後仍頗爲簡陋。1975年，興建鋼筋混凝土一廳二室燕尾脊廟宇，主祀三官大帝，附祀義民爺。

・三灣三元宮(葉倫會攝)

・三元宮義民爺(葉倫會攝)

大湖昭忠祠

・大湖義民廟(葉倫會攝)

大湖位於苗栗縣南方，全鄉地形狀似短筒馬鞋，鞋跟在馬拉邦山，鞋尖在鯉魚潭水庫土石壩下游。原爲泰雅族的根據地，墾拓初期，營造腦爐八份，小鍋八十糊，稱爲八份街，番語稱大湖爲「馬凹」。1857(清咸豐7)年，吳立傳率領壯丁越山進擊番界，該地四周環山成一盆地，

・大湖義民廟昭忠塔
(葉倫會攝)

儼如一湖，故稱大湖。另說，當時茅葦花齊放，由高處觀望，類似一座大湖。

・大湖義民廟名人對聯(葉倫會攝)

大湖昭忠祠位於苗栗縣大湖鄉靜湖村竹頭圍21-1號，佔地千餘坪，原稱義民廟，建於1870(清同治9)年，供奉拓墾時殉難的鄉勇和墾戶，日人徵建神社。1952年，爲紀念被日軍處死的羅福星等人，將神社改建爲昭忠祠，並將其骨骸與早期開發大湖的先民合葬於祠堂後面的昭忠塔。昭忠塔爲7層、高十餘丈的傳統建築，昭忠塔銘由張群書寫，廟內有許多名人的對聯。

・大湖義民廟義民爺(葉倫會攝)

東勢巧聖仙師廟

東勢位於大甲溪上游的縱谷區，原爲泰雅族與巴宰海族樸仔樸社活動的區域，俗稱東勢角。

東勢巧聖仙師廟從1775(清乾隆40)年供奉仙師令旗開始，就是東勢居民的信仰中心。

1833（清道光13）年，東勢發生渡河悲劇，造成械鬥，經貢生劉章職調停才獲得平息，大甲溪兩岸的東勢、石岡和新社地方人士於次年成立義渡會，捐銀購置田產，再以租穀作爲義渡基金，僱船夫免費爲地方居民服務，爲

・東勢巧聖先師廟
（東勢巧聖先師廟提供）

務紀念此事，立 [樂助義渡紀念碑] 。

・東勢巧聖仙師廟義民爺
（葉倫會攝）

1862(清同治元)年，戴潮春(字萬生)作亂，東勢庄人羅冠英等招募數百壯士參與林文察的部隊平亂。東勢地方人士因而封官，於是由石岡劉家、新社羅家、東勢廖家、張家、邱家等出資組成秋公會，設立牌位，每年農曆3月18日舉行祭典，祭祀陣亡人士。

1887(清光緒13)年，許多人在東勢先師廟搭棚設架，攤販聚集，影響工匠工作，爐主首事等議決，不得在廣場搭棚設架做生意，並刻立石碑，「禁告中南北碑」記載：「巧聖仙師爐主首事暨總董紳耆舖戶等告廟前餘地乃是仙師境界以後不准人架造茅店霸佔地基…」。

・不以規矩不能成方圓
（葉倫會攝）

草屯中原褒忠宮

・中原褒忠宮義民爺（葉倫會攝）

草屯位於南投縣，北隔烏溪與台中縣霧峰鄉相望，早年因盛產草鞋而命名草鞋墩。1938年改名草屯街。

草屯中原褒忠宮位於草屯鎮中原里玉屏路23號，主神爲義民爺。1936年，陳、葉兩家自苗栗和桃園遷至草屯，爲確保家人平安，葉家迎新埔義民爺令旗置於家中，因爲神威遠播，信眾逐漸增加，1949年，陳文晏捐地，眾人集資興建中原褒忠宮，1991年，陳家四兄弟再捐地擴建，次年落成。該聚落只有數十戶客家人，卻能維持廟宇的定時祭祀演戲，見證客家人強仞的凝聚力，惟目前因義民爺神威，信眾日廣。主要祭典日期爲農曆9月12日。

草屯無極褒忠義民宮

草屯無極褒忠義民宮位於南投縣草屯鎮防汛路2之46號，1964年間，洪炯祥因事業不順，自草屯中原褒忠宮恭請義民令旗安奉於家中，而後返新埔義民廟割火，因義民爺神威顯赫，地方信眾遇事即求義民爺降駕扶乩，1994年購地建廟，1997年舉行安座大典，主供義民爺牌位及三金尊，附祀無極老母。該宮主要特色爲大部份信眾爲閩籍人士。

・義民爺金身和牌位（葉倫會攝）

・無極褒忠義民廟（葉倫會攝）

國姓(乾溝)義民祠

國姓鄉乾溝義民廟義民爺(葉倫會攝)

乾溝義民祠位於南投縣國姓鄉乾溝村中西巷36號。1911年，原住於新埔義民廟附近的黃阿亮遷居草屯，隨身攜帶義民爺令牌，按時燒香膜拜，後來奉義民爺指示建廟，祠中同時供奉信眾骨灰。1952年，將信眾骨灰遷出，1953年建木造廟宇，同時到新埔義民廟恭迎義民爺分香，1965年建磚造廟宇，921地震後重漸爲今貌，廟前設有戲臺及兩匹石馬，該廟僅供奉義民爺。

・陳石山律師在國姓鄉乾溝義民廟(葉倫會攝)

國姓鄉南港褒雄宮

國姓鄉南港褒雄宮位於國姓鄉南港村南港路78號，1920年，向殿、向昌、林進及等恭迎新埔義民廟義民爺，後來用土墒磚建宮。1953年改建爲紅磚建築，訂名褒雄宮，主祀義民爺。嗣經八七水災、八一水災幾次翻修，得洪生、古木標兩人捐地建廟，主祀義民爺，今貌建於1978年，1983年竣工。年度主要祭典是農曆7月15日，義民節中元普渡和9月15日的秋祭。921大地震時，附近損毀頗重，惟該廟毫髮未損。

・褒雄宮義民爺(右圖/葉倫會攝)

・南港褒雄宮(下圖/葉倫會攝)

國姓護國宮

國姓護國宮位於南投縣國姓鄉國姓路201號。護國宮主祀國姓爺鄭成功。1946年，國姓地區發生瘟疫，次年，居民回新竹原鄉恭迎義民爺令旗座鎮護國宮，義民爺牌位在偏殿。該宮屋頂採用歇山重簷形式，呈現崇高、華麗之美。拜殿的木雕按金手法為主，前檐牆與廊牆的石雕裝飾使用高浮雕的「剔地突起法」，檐樑彩繪採用傳統忠孝節義的人物為主題。

・國姓鄉護國宮（葉倫會攝）

・國姓鄉護國宮義民爺（葉倫會攝）

國姓鄉褒雄宮(葉倫會攝)

埔里廣福宮

埔里廣福宮位於南投縣埔里鎮成功里種瓜路87號。1906年，先民自苗栗移居埔里墾拓，因爲治安不佳，求醫困難，移居前自新埔義民廟恭請義民爺香火，最初供奉於簡陋泥磚屋，1947年，居民自五公里外挑建材建磚造廟宇，今貌是1992年重建。廟內主祀義民爺，牌位前爲黑面義民爺金身，黑面與居民期盼土地肥沃，收穫豐碩有關。每月初一、十五日舉行奉飯，廟前有顆覆蓋廟埕的大榕樹，據稱是學校校外教學時所植。

・埔里廣福宮褒忠木匾(葉倫會攝)

・廣福宮大榕樹(葉倫會攝)

・埔里廣福宮義民爺(葉倫會攝)

水里義民廟

水里鄉位於濁水溪上游，因水量充沛，取名水裡坑。日治時期，因森林茂密，桃、竹、苗客家先民前來經營樟腦事業，爲木材集散中心，仍保留許多木材加工廠等歷史建築。此外，日人鼓勵台人在水裡，頭社，魚池至埔里間種植甘蔗，吸引客家鄉親前來。1921年，日人於日月潭興建抽蓄發電廠。1931年興建鉅工發電廠，地方頗爲繁榮。1966年，以水裡字意不雅，更名水里。

水里義民廟位於南投縣水里鄉城中村民權路141號，即水里市區，居民閩客各半，少數布農族人，香客遍及水里

・水里義民廟(葉倫會攝)

鄉和信義鄉各族群，1936年，因爲霍亂、瘧疾侵害，范雲樓等人爲地方安寧，前往新埔義民廟恭迎義民爺令旗安靈，最初，令旗供奉於陳日春私宅，使得境內得以安寧，工商業繁榮，1954年，士紳籌建水里義民廟，1964年落成，成爲地方上重要的信仰中心，每年農曆7月20日舉行廟會，有遊街、祭祀活動。義民爺爲鳳冠金身。廟方爲廟前石馬準備牧草，甚具特色。

・水里鄉義民廟義民爺(葉倫會攝)

・陳石山與鄭瑞淼在義民廟石馬前（葉倫會攝）

中寮義民宮

中寮義民廟位於南投縣中寮鄉永平村復興巷1之14號，1929年，南投糖廠修築五分車路和隧道，族群紛爭，屢屢發生衝突，地方不安，加上瘟疫流行，居民求醫無效，旅居該地的客家先民到新埔義民爺恭請義民爺令旗，供奉於永平街民宅，旋衝突平息，疾病停止。鄉賢倡議建廟，獲捐廟地，並得官方捐贈木材，1957年遷入現址，1972年成立管理委員會，增建東西廂、拜亭，1981年改建，1984年落成，義民爺爲牌位與金身並祀。九二一地震時，該廟圍牆暨附近民房倒塌頗爲嚴重，惟該宮保持完好。

・中寮義民宮義民爺牌位(葉倫會攝)

・中寮義民宮義民爺(葉倫會攝)

彰化埔心忠義廟

埔心舊名大埔心，與永靖、員林同爲彰化縣少數的福佬客聚落，是濁水溪的沖積平原，素有米穀之鄉的美譽。

1786(乾隆51)年，林爽文事變，埔心地區居民聯合附近村莊保衛鄉土，陣亡不少，事變後，乾隆皇帝頒賜「褒忠」，在墓前立碑紀念，上刻「皇恩寵賜御賜忠義公之墓」，1930(昭和5)年，修改墓碑爲「御賜忠義烈士墓」，每年農曆8月18日爲忠義公立碑紀念日，鄉公所備香果祭祀。該墓原來位於埔心國小校園，1992年遷建至該鄉第一公墓，在原墓挖出9個刻有雙龍的精緻陶製骨罈。

・埔心忠義廟(謝英從攝)

埔心忠義廟位於彰化縣埔心鄉員鹿路二段547號。1926年，由彰化縣埔心鄉武舉人黃耀南倡建，奉祀忠義公神位，其中歷經兩次翻修。忠義公的身分有兩種說法：一爲林爽文事件保衛鄉土犧牲的義民；一爲閩客械鬥時死亡的客家鄉民。現存古匾分別爲「褒忠」、「捨生取義」及「爲國捐軀」。前者爲乾隆皇帝御筆，但非真品，是1870年複製的贗品，真品相傳陰錯陽差被誤送至小埔心(埤頭鄉)。後兩者，據聞爲鹿港秀才施梅樵的題字。

・忠義廟牌匾(謝英從攝)

北港義民廟

北港位於雲林縣西南方，因位於笨港溪（今北港溪）出海口，故稱笨港。1621(明朝天啓元)年，顏思齊、鄭芝龍登陸笨港，並引三千移民入墾，是漢人大規模移墾台灣的始祖（北港市區建有顏思齊紀念碑）。

北港義民廟位於北港鎮義民里旌義街20號，供奉林爽文、戴潮春事件死難的義民。1786年(清乾隆51)年，林爽文、莊大田合攻諸羅，隔年向笨港逼近，笨港居民招募勇士108人，組織義民團，保護虎尾至嘉義地區，賊匪每次偷

・北港義民廟(葉倫會攝)

襲，都因爲有靈犬相助，無法成功，於是派人毒殺忠狗。農曆5月30日，林爽文部隊進城偷襲，108位義軍全部遇害。

・義犬將軍(葉倫會攝)

林爽文事平後，乾隆皇帝御書「旌義」，刻匾懸掛，諸羅也改名嘉義。1682(清同治元)年，戴潮春進攻嘉義，笨港居民蔡冰等人募集義民抵抗匪徒，因爲防守適當，匪徒無法攻入笨港，犧牲35人，靈位亦被供奉在旌義亭。

旌義亭設立以來經過多次整修。1930年，蔡川的母親節約八十大壽的經費，改建義民廟，並用石頭雕刻義犬將軍神像，供奉在後殿。

・義民爺神像(葉倫會攝)

・北港義民塚(葉倫會攝)

嘉義褒忠義民紀念堂

・嘉義褒忠義民廟（葉倫會攝）

嘉義古名諸羅山，因爲嘉義城外形如桃而名爲桃城，桃之尾尖在中央七彩噴水池一帶，市民俗稱桃仔尾。

嘉義褒忠義民廟位於嘉義市安寮里南田路15號之1。1946年，從桃、竹、苗移居來的居民，爲祈求社會安寧，到新埔義民廟祈求令旗，因爲義民爺的保佑，讓他們身體健康，事業順利。1957年，張逢喜、陳進乾、郭阿龍等發起建廟，經由熱心人士多奔走，1959年竣工。

・嘉義褒忠義民廟（葉倫會攝）

北部客家人南遷

1908年，縱貫鐵路通車，部份桃、竹、苗的客家人遷徙到高雄市：高雄新興製糖株式會社在新竹州招募員工，被錄用的客家員工，因而遷居高雄；1935年桃、竹、苗地區發生關刀山大地震，部份災民被迫移民高雄市；高雄設煉油廠，桃、竹、苗的部份客家人移居高雄，他們帶著義民爺的香符或令旗到陌生的環境討生活，待事業有成，獲得安頓後，爲感謝神恩，即在住家或附近建廟供奉。據統計客家人約佔高雄市人口19%，但大部份不會說客家話，成爲隱性客家人。

・台灣高鐵使台灣成為一日生活圈(葉倫會攝)

高雄市褒忠義民廟

高雄原名打狗，該市褒忠義民廟位於高雄市三民區褒忠街114號，該廟建於1946年，是台灣島內二次移民的產物，桃竹苗地區的客家鄉親移民高雄時，通常都會攜帶義民爺的令旗或香符，林讓才感念義民爺保佑他事業順利、家人身體平安，在高雄火車站東站前，即今南華路入口處搭建草寮居住，同時奉祀隨身帶來的新埔義民廟令旗，原名褒忠亭，附近的客家鄉親都會前往祭拜，嗣因信眾越來越多，加上周圍興建高樓大廈，阻斷原來良好的天際線，於是遷建今址，1976年竣工，改廟名高雄褒忠義民廟。

・義民爺(葉倫會攝)

・高雄市褒忠義民廟神龕(葉倫會攝)

高雄市褒忠義民廟規模宏偉、廟貌巍峨，供奉的義民爺金身是台灣各地義民廟供奉金身最大者，廟內牆飾以雕塑取代綵繪和雕刻，廟埕廣場白天開放附近或洽公民眾免費停車，晚上則由攤商擺攤，兩者相輔相成，加上義民爺的靈驗，使得該廟香火日益興盛，也可能是最多閩南人祭祀的義民廟。每年義民節舉辦的豬公比賽與廟會活動，成為高雄市重要的觀光資源。

・義民爺令旗(葉倫會攝)

高雄市褒忠義民廟平日舉辦宗教活動外，亦重視文化活動，高雄市於1998年成立客家文物館，館內展示的部份文物，即由高雄褒忠義民廟撥專款購贈。

甲仙褒忠義民廟

甲仙褒忠義民廟位於高雄縣甲仙鄉東安村油礦巷29之1號。維義到甲仙製作樟腦，旋到新埔義民廟恭請義民爺令旗，同儕中有人亦早晚參拜，不但獲得平安，事業也順利，若生病前往祈求，很快就痊癒，於是信眾日多，維義遷徙花蓮後，義民爺令旗改由張玉水供奉，後來由張文明負責祭祀。1964年，義民爺顯靈指示於荒崗掘井建廟築塚，1967年，建木造祭拜亭。1972年，自新埔義民廟恭請義民爺令牌並刻金身。1980年，簡廣雄捐地，地方信眾募款捐獻建廟資金，1984年，新廟竣工，該廟二樓亦供奉玄天上帝。

• 甲仙義民廟義民爺（葉倫會攝）

• 甲仙義民廟（葉倫會攝）

旗美褒忠義民廟

1909(明治42)年，日本三五公司在荖濃溪洪氾區的河埔新生地開發農場，取名南隆農場，許多客家人南下承租土地耕種。

旗美褒忠義民廟位於旗山鎮東平里義民巷23號。1940年代左右，客家居民以五穀不熟，六畜不旺，恭請新埔義民爺令旗南下庇佑，農作物果然欣欣向榮，六畜漸旺，村民乃倡議建義民廟。旋因鄰近地區發生瘟疫，凡祈求者都獲得保佑，信眾無分閩、客，與旗山天后宮和內門紫竹寺合稱旗山地區香火最盛的三大廟。左廂房原設有替人消災解厄，問病求藥的辦事廳，這是台灣各地義民廟獨有的特色。此外，附設中正圖書館乙座。

・中正圖書館(葉倫會攝)

旗美褒忠義民廟右後方數十公尺處，有一處義塚，碑史記載：1913年間，日人修築美濃和中壇往旗山鎮兩條道路、獅子頭圳和糖廠鐵路等3大工程，在兩地間掘出3大缸（註：分裝爲6大缸）無祀骨骸，先民鍾川先聘請地理師擇地安葬，以「閩粵鄉邑古老大人」奉祀。

・義民爺牌位與令旗(葉倫會攝)

或說古老大人之骨骸爲六堆和莊大田部隊戰爭時的烈士骨骸。

・旗美義民廟(葉倫會攝)

大寮靈霄寶殿

清領時期，大寮原為下淡水溪溪埔，因土質肥沃，居民紛紛前往屯墾，用蔗糖建溪埔寮、潮州寮、頂大寮、下大寮，後來四寮合一，稱為大寮。

大寮靈霄寶殿位於高雄縣大寮鄉後庄村成功路193號，余阿串原籍新竹州，移居高雄大寮時，請新埔義民廟義民爺令旗同行，1990年代建廟供附近居民祭拜，廟名慈心堂主祀玉皇大帝，義民爺為陪祀神明，2008年新建靈霄寶殿，是當地的宗教聖地。

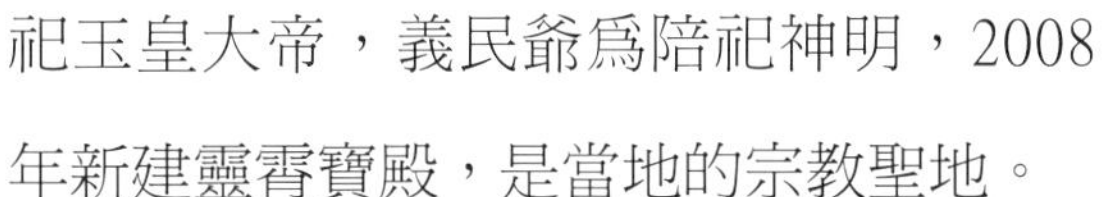

大寮靈霄寶殿及義民爺神像(葉倫會攝)

六堆忠義祠

1721年，朱一貴抗清，威脅到高屏客家人聚落的生存，各地士紳義勇集合在內埔媽祖廟討論，成立六隊〔堆〕鄉團：右堆：高樹、美濃、六龜、杉林、甲仙一部份、里港武洛、旗山手巾寮；前堆：長治、麟洛、九如圳寮、屏東市田寮、鹽埔七份仔；中堆：竹田；後堆：內埔；先鋒堆：萬巒；左堆：新埤、佳冬。清廷以六

・六堆忠義祠三川殿(葉倫會攝)

六堆忠義祠正殿(葉倫會攝)

堆鄉親平亂有功，勅建忠義亭，當時各隊都希望忠義祠設在隊址所在地，經斡旋後，決定各隊帶該堆一定容量的泥土，最後以竹田泥土最重爲由，將忠義祠設於屏東竹田鄉，歷經演變，六堆忠義亭(祠)成爲高屏地區客家人的信仰中心。

・忠義祠牌位(葉倫會攝)

・忠勇公牌位(葉倫會攝)

日治時期，兒玉源太郎總督採懷柔政策，下令修建六堆忠義祠。1955年，台灣省政府撥款修建，1958年落成，並改名忠義祠，蔣中正總統、陳誠副總統和黨國大老紛紛賜匾。該祠恭奉忠勇公外，另恭奉不同時代爲保鄉衛土犧牲生命的烈士與義士，都設有牌位表示不同的身份，現在將中華民族列祖列宗牌位置於案桌前中央位置，是台灣少數由政府出資協助興建的廟宇，不似一般廟宇，沒有基本信眾和香油錢收入，雖有人建議轉型，但六堆忠義祠管理委員會堅持維持歷史傳統，保存六堆人的珍貴文化資產。

客家人移民花東

・鳳林壽天宮(何在鑫攝)

花蓮是台灣開發最晚的地區。1853(清咸豐3)年，廣東人沈私有、陳唐、羅江利等由中央山脈至璞石閣（玉里）。從台灣西部前往花東的二次移民，分北路移民：經基隆或蘇澳港坐船前往，大部份聚在洄瀾(花蓮)港附近，即花蓮市、吉安及壽豊一帶；中路移民，落腳於璞石閣（玉里）及富源；南路移民從猴仔蘭（舊香蘭）到卑南平原。

日治前期，隨著客家移民的增加，移民分佔奇萊平原的國慶、吉安、壽豐、豐田、鳳林、長橋（萬里橋）等地，也從田浦南下，進入花蓮溪東岸的月眉、山興等地；南部的客家人，在台東舊香蘭、下檳榔、鹿野、關山、池

上等地建立據點，由於海路交通逐漸順暢，部份客家人落腳於成功、長濱及梓原等地。

日人希望在東部建立典型的日式農村，而農場面積廣闊，485位日本農民的人力明顯不足，，即自新竹州招募勤勞的客家人，給予5年免租金優惠，即5年後種甘蔗始收租金的獎勵措施。因爲台灣北部客家人善於改良惡質的土地，入墾桃園、新竹、苗栗地區時，獲得向環境學習的寶貴經驗，於是成爲花東縱谷開荒闢地的主力。

到花蓮討生活的客家人找不到肥沃的平野，學習先人向河床爭地，一畝一畝的石頭田就這樣被築起來，找到賴以維生的地方，致移民人數比其族群多。

・花東縱谷平台山脈（葉倫會攝）

鳳林壽天宮

・鳳林壽天宮義民爺牌位暨金身（葉倫會攝）

鳳林舊名馬力勿，泰雅族語上坡的意思。早期，鳳林森林叢密，形狀如鳳凰展翅，稱該地為鳳林。鳳林壽天宮位於花蓮縣鳳林鎮中美路41號。1948年，彭錦紹、石金水、石瑞陽等仕紳發動地方捐款，將日治時期的倉庫整建為廟宇，建地506坪，供奉關聖帝君，取名壽天宮。1964年，信徒建議重建大殿，1966年落成，正殿供奉關聖帝君、五穀先帝、孔子、觀世音菩薩、註生娘娘，側殿之左殿供奉城隍爺、右殿供奉義民爺，義民爺殿門神以清兵裝扮，在台灣廟宇，頗為罕見。

・鳳林壽天宮義民殿門神（葉倫會攝）

鳳林褒忠義民亭

鳳林褒忠義民亭位於鳳林鎮長橋里長德街4號，早期，因地方不平靜，客家先民回新埔義民廟恭迎義民爺令旗，最初置於民宅，待地方安定，居民生活獲得改善再建廟。主神爲義民爺，分設牌位與清裝金身，右殿供奉媽祖，左殿爲五穀王爺。廟埕設有太極八卦圖案。

近年，該廟和鳳林鎮公所合辦義民文化祭，內容有客家藝術歌舞劇團、八音演奏、義民爺誕辰祭典、川劇表演等。

・鳳林褒忠義民亭義民爺（葉倫會攝）

・鳳林褒忠義民亭（葉倫會攝）

富里鄉竹田義民亭

富里鄉位於花蓮縣最南方，舊名公埔，因為土壤肥沃，稻產豐富，有東台灣穀倉的美譽。

・竹田義民亭義民爺(葉倫會攝)

竹田義民亭位於花蓮縣富里鄉竹田村富田10號。台灣光復後，因為家畜發生瘟疫，居民祈求新埔義民廟義民爺前往，最初置於蔡阿浪住宅，由三大庄信士輪流奉飯，後來迎至張坤和住處。1947年，建木造茅草廟宇，1955年，居民捐建新廟，1979年，建燕尾脊廟貌，正殿牆上貼忠孝節義故事的磁磚彩繪，定名竹田義民亭，1983年成立管理委員會，主祀義民爺金身，附祀媽祖和土地公，是台灣少數仍由信眾輪流每日奉飯的義民廟。

・竹田義民亭義民爺牌位(葉倫會攝)

稻香褒忠忠義堂

吉安鄉位於花蓮縣東部北段，是花蓮縣人口第二多的鄉鎮。除山坡地及海岸外，均爲沖積平原，早期是阿美族活動的範圍，舊稱知卡宣，阿美族語指薪柴很多的地方，漢人譯爲七腳川。鄉內居民含閩南、客家、外省、原住民四大族群。日治時期，台灣總督府在此建立吉野村，1948年，易名吉安。

・吉安鄉稻香褒忠忠義堂神像（葉倫會攝）

稻香褒忠忠義堂位於花蓮縣吉安鄉稻香村2鄰39號。彭信雄因身體不適，祈求義民爺醫治，1981年自新埔義民廟恭迎令旗返家供奉，1983年經擲筊建廟，4月19日爲義民爺安座日，並擲筊經義民爺同意塑造金身供奉。

・吉安鄉稻香褒忠忠義堂仿新埔義民廟的玉旨匾（葉倫會攝）

永興褒忠義民堂

永興褒忠義民堂位於花蓮縣吉安鄉永興村7鄰72號。1940年，葉家安爲祈求義民爺保佑，發揚忠義精神，自新埔義民廟恭請義民爺於自宅供奉，同時接受鄰居祭拜，亦常組團回新埔義民廟進香，屬於家庭式祭拜，僅設神像，未見牌位與令旗。

・吉安鄉永興義民祠神像(葉倫會攝)

・吉安鄉永興義民祠香爐(葉倫會攝)

南昌褒忠義聖堂

南昌褒忠義聖堂位於花蓮縣吉安鄉南昌村南昌路28號。1981年，彭清芬恭迎新埔義民廟義民爺分靈，該堂配祀三公主、地母娘娘、玉皇大帝、梨山老母、地藏王、元始天尊、太上老君和通天教主等。

・吉安鄉義聖堂(葉倫會攝)

・吉安鄉義聖堂神龕(葉倫會攝)

新店褒忠義民廟

新店褒忠義民廟建廟源於台北市舉辦客家義民祭，1999年，該廟主事者擔心官方的制式作法，將使傳統義民祭典與客家人和義民爺的互動味道逐漸消失，到新埔義民廟恭請義民爺，在新店安坑建廟，但牌位的字與新埔義民廟的牌位稍有區別，新埔義民廟爲「勅封粵東褒忠義民位」，該廟爲「勅封褒忠義民神位」。爲凝聚客家人的向心力和傳統精神，農曆初二和十六日，廟中代表排班輪流奉飯。另中和市設有台北市褒忠義民廟。

・新店義民廟牌樓(葉倫會攝)

・新店義民廟義民爺（葉倫會攝）

台灣義民廟的學習單（可多重選擇）

一、台北市客家義民祭始自那年(1) 1787、(2) 1895、(3) 1945、(4) 1988年。

二、台北市客家義民祭拜的神是(1)關公、(2)三山國王、(3)義民爺、(4)忠勇公。

三、義民爺受清朝那位皇帝敕封(1)康熙、(2)雍正、(3)乾隆、(4)光緒。

四、兩百年以上的義民廟(1)六堆忠義祠、(2)苗栗義民廟、(3)新埔義民廟、(4)平鎮義民廟。

五、台北市客家義民祭的回響(1)客家文化節、(2)客家電視台、(3)客家廣播電台、(4)母語屬於基本人權。

六、新埔義民廟的特色(1)沒有神像、(2)沒有龍柱、(3)有墓塚、(4)有石馬飾物。

七、平鎮義民廟的特色(1)交趾陶多、(2)牆上有功德碑、(3)最早設神像、(4)設廟一百年以上。

八、六堆忠義祠的特色(1)台灣最早的義民廟、(2)附設客家文物館、(3)六堆客家人的信仰中心、(4)第三級古蹟。

九、苗栗義民廟的特色(1)墓塚坐南朝北、(2)墓塚坐北朝南、(3)設有藥籤、(4)正殿有藻井。

十、清朝乾隆皇帝對義民的封誥是(1)褒忠、(2)旌義、(3)思義、(4)孝順。

編後語

我本是愛逛牯嶺街舊書攤的人，因爲和溫送珍先生認識而撰寫其回憶錄「真情實話 — 溫送珍訪談錄」，蘭台出版社出版時，將其定位爲客家人物訪談錄(1)，開啓日後找尋其他客家資料塡補後續圖書，俾名符其實的志業。

訪談客家鄉親時，發現台北市沒有義民廟，惟自1988年起，在台北市舉行台北市客家義民祭，這個活動由鄉親自動自發連續辦了12年，若加上2000年起由官方接辦計算，迄2007年共舉行20次，由於主事者的努力，鄉親的支持，使得台北市客家義民祭發揮凝聚都會客家人、傳承客家語言、促進族群融合的作用，成爲客家人在台北市的傳統信仰活動，這種從無到有的發展史，符合客家人勇於打拚、創新的精神，是鄉親到都會闖蕩，逐漸安居樂業，興起日久他鄉是故鄉的見證。

研究義民爺的朋友所在多有，獨缺就台北市客家義民祭寫成專書者，溫送珍、陳石山和筆者三人在真情實話一書出版後閒聊，發願爲客家鄉親多做一點事，首要工作是完成「台北市客家義民祭」乙書，尋找資料期間，雖然遭遇郭公夏五、斷簡殘編的困窘，報刊、雜誌的報導簡略，官方文件又頗爲缺乏，參與的鄉親大部份年事已高，或認爲幫義民爺做事，不宜對外表功，或以片面居多，惟積長期從事口述訪談的經驗，就其與大眾或產生影響的部份追根究底，似螞蟻搬家般一點一滴的挖掘，希望透過這本書，讓台北市客家義民祭活動不致在台灣發展史留白，並爲後續研究者開啓另外一扇窗。

蒐集資料期間，許多好似義民爺出面引導般，貴人陸續出現，事情的發展有如神蹟般湧現，訪談人物時，適合的人選在需要的時間出現；參訪義民廟時，一家接一家的順利抵達，其他提升內容或層次的資料與照片或協助，都讓吾人感受到義民爺的靈驗與保佑。

感謝的人：溫送珍、陳石山、吳淑泉、王啓宗、劉智雄、羅世昌、黃正宗、林偉忠、張心淵、彭煥堂、謝英從、范姜瑞、黃菊珍、林光華、沈鳳雲、陳康宏、何在鑫、謝廷樓、劉清水、劉振之、中原客家崇正會、鄭瑞淼、張義品、劉金明、劉錦鴻、張松生、張錦生、傅有舜。

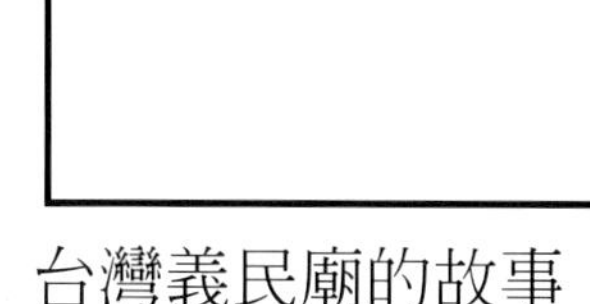

台灣義民廟的故事

台北市客家義民祭

95叟吳淑泉題

台灣鄉土與宗教叢書──B16
編 著 者：葉倫會
美術編輯：J・S
責任校正：葉倫會
出 版 者：博客思出版社
地　　址：台北市中正區開封街一段20號4樓
電　　話：(02)2331-1675　傳真：(02)2382-6225
總 經 銷：成信文化事業股份有限公司
劃撥戶名：蘭臺出版社　　劃撥帳號：18995335
網路書店：http://www.5w.com.tw
E-MAIL：lt5w.lu@msa.hinet.net　books5w@gmail.com
網路書店：博客來網路書店　http://www.books.com.tw
　　　　　中美書街　　　　http://chung-mei.biz
香港總代理：香港聯合零售有限公司
地　　址：香港新界大蒲汀麗路36號中華商務印刷大樓
　　　　　C&C Building,36,Ting Lai Road,Tai Po,New Territories
電　　話：(852)2150-2100　傳真：(852)2356-0735
出版日期：2008年10月初版
定　　價：新臺幣 280 元

ISBN 978-986-7626-70-7